頭脳の盗塁術

はじめに

2018年のプロ野球は、福岡ソフトバンクホークスの2年連続9度目の日本一で幕を閉じた。日本シリーズでMVPに選ばれたのは、広島東洋カープの盗塁を6度にわたって刺した甲斐拓也《かいたくや》捕手だった。「球界ナンバーワン」と言って間違いない握り替えの素早さと鉄砲肩によって、カープの機動力をことごとく阻止し、勢いを削《そ》いだ。「甲斐キャノン」は、野球ファン以外にも広く知れ渡る言葉になった。

甲斐捕手が出場する試合を見ていると、私の足はウズウズしてくる。なぜなら、「甲斐キャノンからどうやって盗塁を決めるか?」という視点になるからだ。甲斐捕手のすごさがわかるからこそ走ってみたい。現役をやめたことに悔いはないが、甲斐キャノンと勝負してみたかったと本気で思う。肩が強いのは十分に理解している。ただ、甲斐捕手といえども、すべての盗塁をアウトにしているわけではない。18年の盗塁阻止率は4割4分7厘で、2回に1回は盗塁を許している計算だ。捕手の肩がいくら強くても、盗塁阻止はバッテリーの共同作業であり、投手のクイックが甘かったり、明らかなクセが出ていたりすると、走者が俄然《がぜん》有利となるのだ。

私は、小さいころから足には自信があった。高校でも大学でも、足でレギュラーを獲《と》ってきた。大学時代は、4年間で盗塁を刺された記憶が2つぐらいしかない。プロの世界に入っても、入団1年目から5年連続で盗塁王を獲得することができた。03年からは3年連続で60盗塁以上を決め、盗塁成功率も8割台。人工芝よりも走りにくい、土の甲子園球場を本拠地にする中で、こうした記録を残せたことは私の誇りになっている。

なぜ、ここまで走ることができたのか――。

ほとんどの人は「赤星は足が速いから」と思っているかもしれないが、それだけで盗塁を決めることはできない。足の速さだけで、何年にもわたってコンスタントに走り続けることは難しい。プロの世界ともなれば、相手バッテリーも私の足を徹底的に警戒し、研究してくる。

だからこそ、私の持論は「盗塁は頭で走るもの」だ。高い成功率を続けていくには、足で走るのではなく、頭で走ることが必要になる。盗塁は高度な頭脳戦、究極の心理戦と言いかえてもいい。

相手チームの投手や捕手、あるいは内野手のクセを見抜くことはもちろんのこと、事前にデータを頭にインプットしておく。どれほど相手チームのことを観察しているか。こうして得た情報を、グラウンドでいかにしてアウトプットできるか。それが盗塁の成否を決める。必ずしも足がずば抜けて速い必要はない。盗塁にとって大切なことは、準備をするための研究が8割、走ることやスライディングなどの技術が2割と言っていいだろう。

そして、走者として相手チームを研究することは、盗塁だけでなく、打撃や守備にとっても大いに役に立つ。野球そのものに対する視野も広がっていく。走るための情報は、野球すべてに通ずる。野球にとって大事なものは、すべて盗塁の中に詰まっていると言っても過言ではない。

本書『頭脳の盗塁術』は、こうした盗塁に対する私の思考や技術を一冊に凝縮したものである。ページを読み進めてもらえれば、「盗塁は頭で走るもの」という言葉の意味がわかってもらえるはずだ。

盗塁の重要ポイントや、野球における盗塁の価値、相手投手との駆け引きやクセの見抜き方、本塁と一塁ベースで繰り広げられる捕手との戦い、内野手との攻防、盗塁成功率を高める秘策など、様々な視点から盗塁の極意を紹介している。例えば、二塁に滑り込む足は右足を伸ばしたほうがいいのか、左足を伸ばしたほうがいいのか、二塁ベースカバーはショートとセカンドのどちらに入らせたほうが成功率が上がるかなど、細かな盗塁論にも言及した。

さらに、これまでパ・リーグで3度の盗塁王を獲得している西川遥輝《はるき》選手（北海道日本ハムファイターズ）との対談も収録した。18年には盗塁成功44、失敗3、盗塁成功率9割3分6厘と、驚異的な数字を残した。今、日本球界で最も盗塁技術が高い選手と言って間違いない。西川選手とじっくりと話をするのは今回が初めてだったが、私自身も学ぶことが多い場となった。前編と後編に分けて掲載しているので、新旧盗塁王の対談をぜひ楽しんでいただきたい。

なお、本書は13年に出版した『頭で走る盗塁論』（朝日新聞出版）をベースに、大幅に加筆修正・改題し、西川選手との対談なども新たに加えたうえで刊行するものだ。同書は、私が09年に引退したあと初めて上梓《じょうし》した技術本で、野球ファンだけでなく、現役選手からも好評をいただいた。ただし、現在では入手困難となっている。19年で引退してちょうど10年という節目《ふしめ》であり、解説者として近年得た視点や球界の最新事情などもふまえながら、盗塁に対する考えを改めてまとめさせてもらった。列伝形式で、西川選手や山田哲人《てつと》選手（東京ヤクルトスワローズ）に代表される旬《しゅん》な選手の盗塁術、また、それを阻止しようとする現役捕手・投手のテクニックや、彼らから塁を盗むための対策も詳しく解説している。

この本を読んでくださったすべての人が、新たな視点で盗塁の有効性や面白さに気づき、ひいては野球そのものの奥深さを知ってもらえれば、著者としてこれほどうれしいことはない。

なお、引退した元選手・元投手たちについても、現役時代のエピソードを多く扱っていることから、「選手」「投手」などという表記にさせていただいていることをご了承願いたい。

赤星憲広

頭脳の盗塁術　目次

第6章 盗塁技術をもっと磨く方法〜うまくなる実戦テクニック〜

第1章

「赤星流」頭脳の盗塁術

～勇気と準備の重要性～

重要なことは「走る勇気を持つ」ことだ

「盗塁をするのに最も重要なことはなんですか？」

そう尋《たず》ねられると「走る勇気を持つことです」と答えることにしている。

もちろんスタート、スピード、スライディングという技術的な「3S」なしに盗塁はできないが、その前に「走る勇気を持つ」ことが、なによりも大事だと思っている。だからといって、どんな状況でもむやみやたらとスタートを切ることが「走る勇気」ではない。

盗塁は「究極の心理戦」と言ってもよく、考えもなしに走って成功するような簡単なものではない。「今なら大丈夫、走っても成功する」と自信を持ってスタートする心を持つことこそが、私が言う「走る勇気を持つ」ことになる。

では、その走る勇気を持つにはどうすれば良いのだろう。

まず大前提として、普通の状況で一塁から二塁へ盗塁するとたいていはアウトになってしまうという事実を知っておいていただきたい。

投手が投球動作に入ってからキャッチャーミットにボールが届くまで1・2秒くらいかかる。次に捕手がボールを捕って二塁に送球するには、2秒ほどかかる。つまり、投手が投げ、捕手が捕り、二塁ベースに投げる。その時間は、平均で3・2秒だ。

一方、私の現役時代、スタートを切ってからスライディングして二塁ベースに到達するまでが同じく3・2秒ほどだった。

このように、プロ野球選手の中でも比較的足が速いとされた私でも、普通に走るとセーフになる確率は五分五分になるのだから、平均的かそれ以下の走力を持った選手だと、確率的にはアウトになる可能性が高いのだ。

しかもここ数年、緻密《ちみつ》な野球が全盛で、どの投手も、簡単に盗塁を許さないようにとクイックモーションで投げてくる。

私の現役時代だと、例えば、千葉ロッテマリーンズや阪神タイガースで活躍した久保康友《やすとも》投手（19年からメキシカンリーグのブラボス・デ・レオン＝英語名レオン・ブラボーズに所属）の場合、クイックモーションで投げると1秒を切る。つまり、久保投手が投げて、受けた捕手がいい球を二塁に投げれば、理論上は、すべてアウトに仕留められてしまうことになる。私が対戦してきた中で、クイックの速さは久保投手がナンバーワンだった。

では、どうすればセーフにすることができるだろうか。一、二塁間を2・9秒以内で走れればいいが、大人になってから足を速くするというのはほぼ不可能と言っていい。

しかも相手もプロである以上、最大限の警戒と準備をして待ち構えている。それをくぐり抜けてセーフになるためには、いいスタートを切る勇気を支えてくれる周到な「準備」が必要になってくる。「準備」なくしては、「走る勇気」など、とうてい出てこないのだ。

ならば、どういう準備をすればいいのか。具体的には、おいおい述べていきたいが、最初に押さえておきたい点が2つある。

1つは、普通に走ったらアウトになるのだから、投手がホームへ投げ始める前にタイミング良くスタートを切ることだ。投手が絶対に牽制球《けんせいきゅう》を投げてこないで、ホームに向かって投げる直前に、スタートを切る。0・2秒でも0・3秒でも早く動くことができれば、こちらにアドバンテージが生じる。

そのためには、投手のクセを徹底的にさがさなければならない。この投手がこういう動きをすると、牽制ではなく必ずホームに投げる、ということを見抜く。すると、自分のタイミングで自信を持ってスタートを切ることができる。

これが、いわゆる「投手のモーションを盗む」ということである。

もう1つは、投球から二塁ベースまでボールが届くのに3・2秒以上かかるとわかっているときに走ることだ。つまり、次に投げる球が、例えば変化球や内角球であることを見抜くのである。変化球だと球速がストレートに比べ遅くなるし、内角球の場合、近くに打者が構えているため、捕手は捕球も送球もやりにくくなる。そういうタイミングの予測が正確にできれば走る勇気が湧《わ》きやすくなるし、セーフになる確率は数段上がる。

先述した久保投手の例で言えば、クイックモーションでストレートを投げてくれば、二塁でアウトになる確率が高くなる。ならば変化球、とくにフォークを投げるときに走るようにする。久保投手のフォークはよく落ちるので、捕手もキャッチングに神経が向きやすく、捕ってからあわてて二塁へ投げることになるからだ。

そこで、久保投手がフォークを投げる確率が高いケースをデータで調べる。カウント別でみると、例えば打者を追い込んでからしか投げないという結果が出ているとする。であれば、彼の場合は、ツーストライク後にしか走るチャンスがないことがわかる。打者が三振するかもしれないが、そのタイミングで走るべきだということになる。

このように、きちんとした「情報」があれば、いつ走れば良いか判断ができる。

「走る勇気を持つ」とはそういうことだ。

きちんと準備をすることで8割決まる

盗塁をするのに重要な「走る勇気」を持つために、きちんと「準備をする」ことが必要だと述べた。

あらかじめ情報を集めて準備をしておけば、盗塁の成功率は高まる。

先の項でも触れたように、自信を持ってスタートを切るには、まずは投手のクセを見抜くことが必要となってくる。

クセというのは、体が無意識にしてしまう動作のクセと、配球のクセとの2種類がある。「なくて七癖《ななくせ》」というように、人間には意識していなくても、体が勝手にしてしまう動作がある。日常でもよく経験するように、嘘《うそ》をついていると、自然と舌がペロッと出たり、頭をかいたりするように、すぐにわかってしまう人がいるのと同じことだ。

プロの投手の技術が上がったとはいえ、ストレートと変化球で明らかに投げる前の動作に差がある投手がいる。例えば変化球を投げるとき少し右肩の位置が変わるとか、下半身に動きが出るとかだ。

そのクセを必死になってさがすのが、盗塁の準備の第1段階になる。

また投げるときのクセと同様に、投球パターンにもクセがある。それは、スコアラーから上がってくるデータにはっきり出てくる。この投手はカーブは2球続けないとか、左打者にはスライダーが多いとかいうものである。もちろん必ずデータどおりに投げてくる投手はいないが、データというものは確率論から言っても参考に値するものだ。

一方、投手だけでなく、捕手にもクセがある。これも投手と同様に、身体的なクセと、

持ち前の俊足と熱心な研究により、現役9年間で381盗塁（歴代9位タイ）を記録した著者。

配球のクセの2種類がある。

身体的なクセでわかりやすいのが、投手の投球を受けようと構える姿で、変化球かストレートかわかってしまうというものである。

投手は盗塁を阻止しようと、ストレートを投げたがる。しかしストレートばかり続けると、今度は打者にそれを狙《ねら》われてしまうので、どこかで変化球も投げなければいけない。

捕手の構えから、次の球が変化球だとわかった場合、ストレートよりキャッチャーミットに到達するまでの時間がかかるので、盗塁の成功確率は上がる。

同じように、投球を受けようとする構えから、球種ではなく、外角か内角かコースをバラしてしまう捕手がいる。

例えば、投手が投球しようと足を上げた瞬間に、一瞬早くボールの来るコースに体を移動させるのだ。捕手にすれば、ボールは体の正面で受けなければいけない、という身についた習性がつい出てしまうのだろう。

でも、盗塁を狙う走者からすると、こんなにありがたいことはない。先ほども触れたように、外角より内角のほうが、打者が邪魔になり、捕手の二塁への送球が窮屈《きゅうくつ》になりやすい。その結果として、送球が乱れ、盗塁成功率が高まる。つまり、捕手の構えで内角だとわかればスタートを切りやすくなるのだ。

こうした分析をもとに、投手と捕手のクセを見抜き、それにデータを組み合わせる。すると、投手が次になにを投げてくるかが予測でき、スタートへの勇気が湧いてくる。

どのようなクセがあるか、またそれをどう生かしていくかは、追って説明していきたいが、盗塁は、このように走る技術そのものだけでなく、相手を研究することでも成功率を上げることができる類《たぐい》のものなのである。

ほかの人はどうかわからないが、私の経験からの感触で言えば、「はじめに」でもお話ししたように、観察や研究などの事前準備と、盗塁を行うためのスライディングなどの実際の技術の比率は8対2ぐらいだと思う。

研究が8割、技術は2割になる。

つまり、盗塁の成否は、試合前の準備のあるなしで、かなり違ってくると言っていい。

盗塁は練習ができない

「現役時代、どのような秘密の練習をされたのですか？」

セ・リーグで新人の年から5年連続で盗塁王を獲《と》ったからか、どのような練習をしたのか、その秘密を教えてほしいとよく聞かれることがある。

しかし、残念ながら、盗塁に関して、リードやスライディングなど、いわゆる技術的な練習はそれほど行っていない。

練習しないのではなく、練習できないといったほうが正確かもしれない。

なぜなら盗塁は、そういった技術的な練習をすればできるようになるものではなく、「生き物」だからだ。バッティングのように、このコースはこう打つといったような、決まりきったパターンがなく、1つひとつがすべて違う状況で生まれるプレーだ。

虎視眈々《こしたんたん》と次の塁を狙っている走者、それを阻止すべく素早いモーションで投げる投手、その球を少しでも早く受け、二塁へ矢のような送球をしようと待ち構える捕手。それに、盗塁を助けたりチャンスがあれば打とうとしたりして球を待っている打者が絡《から》んでくる。

このような緊迫した状況の中で、盗塁が行われる。だから、盗塁は練習でうまくなろうと頑張っても難しく、あくまでもゲームの中でしか上達しないものなのだ。

投手や捕手などの相手があってこそのものだから、それらがいない状況で盗塁の練習をしてもほとんど意味がない。実際の試合の中でなければ技術の向上はありえないし、鏡の前で走る格好をしていてもうまくならない。

普段、各チームでされている盗塁の練習と言えば、コーチの「ヨーイドン」の合図で一列になって一緒にスタートを切る。やってもやらなくても同じようなスタート練習くらいだ。陸上選手ならば、号砲一発が大事なので、スタートダッシュの練習も必要だろう。ただ、盗塁の場合、スタートを切るタイミングは、ゲームの中でしか養えない。ゲームに出て初めて投手のタイミングが理解できて、その後の自分の経験になっていく。

打撃や守備は練習の延長線上で、あとはゲームでいかに結果を出すか、となる。しかし、盗塁に関してだけは、練習の効果がまったくない、とまでは言わないが、ほとんどが練習のための練習になってしまう。

というより、練習のときから相手と真剣勝負をする感覚がないと、真の練習にならないと言ったほうがいいかもしれない。投げている投手、受けている捕手、打席にいる打者、アウトカウント、点差、グラウンドの状態などでも、盗塁できるかできないか、状況が毎回変わってくる。

その感覚があって初めて、リードをどうとるか、走りやすい形はこうだろうか、など自分なりの工夫が出てくる。

後述するが、事前の練習という意味では、スライディングの技術などは大事だが、「いざ、行くぞ」と真剣モードでやることができるのは試合の場のみであるし、またその空間でやらないとうまくならないのだ。

足が速くて、普段の練習ではいいスタートは切れていても、実際の試合では相手がいる。相手のタイミングに合わせられなければ、いいスタートは切れない。少しでも遅れると、アウトになってしまう。

だから、あくまでも本番の試合の中でいかに走るチャンスを自分で得て、経験を積むことができるかが大事になる。

2018年のシーズンを振り返ってみると、千葉ロッテが足を使う野球に変貌《へんぼう》していた。この年から指揮官に就任した井口資仁《ただひと》監督（元福岡ダイエーホークス、千葉ロッテなど）によって、「アウトになってもいいからどんどん走れ」という攻撃的な野球を貫き、盗塁企図《きと》数はリーグ1位の181個を記録した。16年が106個、17年が102個だったので、企図数が一気に増えたことがわかる。首脳陣の方針が変わらなければ、ここまでわかりやすく数字が増えることはない。井口監督自身が現役時代に盗塁王を2度獲得（01年44個、03年42個）していて、そのときの福岡ダイエー（現福岡ソフトバンク）が強かったという経験もしているからなのだろう。

18年の千葉ロッテの盗塁成功率は6割8分5厘と、決して高くはない。それでも、チャレンジしたことに価値があると思う。例えば、レギュラーに定着した中村奨吾《しょうご》選手は盗塁を39個決める一方で、盗塁失敗が15個あった。ルーキーの藤岡裕大《ゆうだい》選手は、成功14個に対

現役時、同じ年（2001&03年）に盗塁王となり、表彰されるロッテの井口資仁現監督と著者。

して、失敗が13個。これでは、「走らないほうが良かったんじゃないか？」という声も出てきそうだが、絶対にそんなことはない。先ほども述べたように、盗塁は試合でしかうまくならない。アウトになることによって、覚えること、感じることが絶対にある。選手にとって、盗塁の技術が最も進化するシチュエーションが試合であり、失敗したときなのだ。

繰り返しだが、その真剣勝負の中でしか盗塁の技術は伸びない。

千葉ロッテの選手たちにとって、18年に積んだ経験は糧《かて》となるだろう。経験というのは、失敗しないと積み重なっていかない。「どうしてうまくいかなかったのだろう。なにがいけなかったのだろう」と考えることで成長する。失敗があって初めて研究もできるのだ。井口監督の盗塁王獲得もプロ入り5年目だった。経験を重ねることの重要性がわかったうえで、若い選手たちの背中を押していたに違いない。

「足が速い」＝「盗塁ができる」ではない

「足が速い選手」＝「盗塁ができる選手」というイメージがある方も多いだろうが、現実はそう単純ではない。

走塁と盗塁は、同じように塁間を走るが、似《に》て非《ひ》なるものである。

マスコミなどでは、スピードのある選手を「俊足巧打」などと表現をする。足が速いゆえにシングルヒットをツーベースヒットにしてしまうとか、二塁で止まらず三塁まで陥《おとしい》れてしまうような選手のことだ。阪神で言うと、19年からキャプテンに就任した糸原健斗《けんと》選手あたりがそのパターンに当てはまるだろうか。では、そういった選手がどれほど盗塁をしているかというと、実はイメージほどは走っていなかったりする。

走塁は、足が速ければ速いだけ、結果が出る。なによりも走塁の技術は、教えることができるし、練習でいくらでも技術を上げることが可能だ。

ベースランニングは練習に必ず取り入れられている。ベースを回るときだいたいのコースも決まっていて、自分なりに速く回る技術は練習で身につけることができる。

左足でベースを踏んだほうがいいのか、右足で踏んだほうがいいのか、などもそうだ。私は基本は左足で踏んだほうがいいと思っているが、それでもベースを回るときの膨《ふく》らみが少し変わっただけで、距離も変わってしまい、歩数が合わなくなったりする。また、その日のコンディションによって歩幅が狭くなっていたり広くなっていたりする。

そのときに、左足でベースを踏むのが基本だからといって、歩数が合わないのに無理やり合わせて左足で踏みにいくと、スピードが落ちてしまうばかりか、悪くすればケガにつながる場合もある。だから、合わないのであれば、右足で踏みにいってもいいと思う。

これが、私のベースランニングを教えるときの1つのやり方だ。

「絶対に左で踏め」と指導するコーチもいる。左で踏んで次の一歩を右で行くと体の向きを変えやすく、踏み込みやすいからというのがその理由だが、確かに一理ある。野球のダイヤモンドは左回りなので、左足で踏んだほうが次の塁に向かいやすい。しかし、前述の理由で歩数が合わない場合は、私の経験上、「無理に合わせなくてもいい」と教えている。

走塁というのは、練習したり、試合で数をこなせば、次の塁を狙えるかどうかの判断力がついたり、ここに打球が飛んだときはこうしよう、という学習ができる。いわゆる「野球勘」が培《つちか》われていくのだ。バッティングと同様、反復練習をすれば、走塁技術は確実に上がる。


一方、盗塁はコーチからサインが出たとしても、最後は自分で走ることを決断しなければいけない。次の塁を盗むという明確な意志があったうえに、準備もしっかりしていないと成功しない。準備もせずに、コーチの指示で闇雲《やみくも》に走っても、ヒットエンドランを失敗し三振ゲッツーになってしまったりして、次の塁を盗むことはできない。

盗塁というものは、グラウンドでいくら技術だけを磨いても、成功するものではない。勘違いしないでほしいのは、技術が不要だというのではない。それよりも人間的なファクターが多いので、守備や打撃のように練習すればするだけうまくなるというものではないということなのだ。

例えば自分が走塁コーチだとした場合に、盗塁の数を増やしたい選手にどんな練習をさせれば良いかと考えてみる。その場合、反復練習ではなくて、シチュエーションを組み入れた練習だろう。

試合前の練習であれば、その日マウンドに上がる投手に手伝ってもらうことが必要になってくる。投手も試合で投げている感じで、走者が実際に走ってくる想定をしてピッチングを行ってもらう。クイックモーションで投げたり、塁上を気にしたセットポジションで投げてもらったりする。試合同様に走者が塁に出たシチュエーションで投げ、走者は走る。50球なら50球、いつも試合前にブルペンで投げ込む球数を投げてもらい、そこにときおり走者がつくというものだ。もう1つ望めば、そこに実際に打者も立ってもらえればありがたい。

あくまでもシミュレーション練習だが、実戦に近ければ近いほど試合の感覚になる。

ここまでやることができれば、きちんとした盗塁の練習と言える。効果を上げるための盗塁の練習というのなら、最低限これくらいは必要だと思う。しかし、これでさえも、ゲームではなくて、あくまでも、練習だ。

盗塁に関わる選手全員が試合の感覚で臨《のぞ》まない限り、それは盗塁の練習の範疇《はんちゅう》を出ない。

ということは、着実な上達は望めないのである。本気でチームの盗塁数を増やしたいと考えるなら、組織的に、主力投手にも文句を言わせず付き合わせるくらいの覚悟を決めてやるべきだろう。それほどに、盗塁の練習は難しいものだ。

「盗塁にスランプはない」の嘘《うそ》

「足にスランプはない」

そう言われる。確かに、打ってから一塁まで走るとか、ボールを追うときのスピードとかであれば、足を動かすだけのことだから、「足にスランプはない」と言える。

しかし、盗塁は別だ。投手や捕手との駆け引きがメインで心理的な要素がかなりあるので、むしろ非常にスランプに陥《おちい》りやすいと言える。

「盗塁にスランプはない」

そういうのは、真剣に盗塁を試みたことがない人間の勘違いだと言いきってもいい。私自身、そういう言葉を聞くたびに、「盗塁のことがどこまでわかっているのかな?」と思うこともあった。むしろ試合をしていく中で、スランプにはまっていく罠《わな》がたくさんあるのが盗塁だ。絶対に成功したと思えるところでアウトになると、「なぜ、今のタイミングで、アウトになったんだろう？」と悩んでしまう。

「投手のモーションも盗んだ。捕手の送球もそれほどいいわけではない。スライディングも完璧《かんぺき》だった。でも、アウトになった。まあ、1度くらい、そんなに気にしなくてもいいか……」

そう思って、次の機会に走る。ところが、セーフになると思って走った盗塁が、またもアウト。こういう失敗が2度、3度と続いていくと、迷いが生じ出す。

「リードが悪かったのか、走るコースなのか、それとも、投手の配球を読み間違えたのだろうか……」

などと頭の中は激しく回転するが、答えは一向に見つからない。メンタルな部分で悩んでしまい、気弱になる。そうするとますます足が動かずアウトになる、という負のスパイラルに落ち込んでいく。

実際、私にもこんな経験がある。あれは確か、06年だったと記憶しているが、盗塁が3回連続でアウトになった。野球人生で3回も続けて刺されたのは、おそらくあのときが初めてだ。3回目のアウトのときに、いらぬ感情が襲ってきた。

「あれ？　ヤバいな。まずいぞ。次にアウトになったら、タイガースファンからさすがに野次《やじ》られるんじゃないか……」

それまでの私は、盗塁でいくらアウトになっても、あの熱烈なタイガースファンから1度も野次られたことがなかった。赤星がアウトになるなら仕方がないと思ってくれていたのだろう。でも、4回連続でアウトになったら、さすがにマズい。そう思ったら、一塁に出塁しても体が動かなくなってしまった。そこから、スタートを切れない試合が続いた。

その後の試合で、一塁に出塁した私の目に信じられない光景が入ってきた。三塁コーチャーから「盗塁」のサインが出たのだ。もちろん、その指示を出しているのはベンチにいる岡田彰布《あきのぶ》監督である。それまでの私に対しては「行けるときに走っていい」という指示であるグリーンライトが続いていたため、「盗塁」のサインが出ることはめったになかった。というよりも、記憶にない。岡田監督は、「赤星、なにしてんねん。走らんかい！」と思っていたのだろう。

盗塁のサイン＝ディスボール。基本的には次の球で走らなければいけない。サインを無視するわけにもいかないので、勇気を持ってスタートを切った。結果はセーフ。その後は、自信を取り戻し、今までどおりに自分らしいスタートを切れるようになった。私の足を信頼し、背中を押してくれた岡田監督には今でも感謝をしている。

ほかにもスランプに陥り、走れなくなる場合がある。それは、打撃不振のときだ。バットが湿《しめ》りがちで走者に出る回数が減ると、塁に出たときに微妙に違和感が生まれる。

久しぶりにリードをとっても、「なにかが違う」という気持ちが心の中に生まれ、いつもの感覚に変化が出てくる。「盗塁って、どうするんだっけ?」に近い感じだ。

自分の経験で言うと、3、4試合ほど当たりが出ず、やっと打ったヒットで一塁に出る。気持ちは「よーし、走るぞ」と高揚《こうよう》するが、リードしてみると、どこか感覚がおかしい。「一塁ベース上から見るこの風景、久しぶりだな」

このような、よけいなことが頭に浮かんでくる。知らぬ間に心理的な負担が増えてくる。これもスランプになる要素の1つだ。

さらに、単純に打てなくて気弱になっていることで、盗塁がスランプになることもある。打てないことが気持ち的にマイナスを呼び起こし、悲観的なことばかり考える。「これで走ってまたアウトになったらどうしよう。打てないうえに走れないなんて最悪だ」

そう悪いほうにばかり考えがいってしまう。

また、盗塁のスランプでいちばんつらいのは、リカバリーが難しいということだ。

バッティングでのスランプは、感覚的なものより、技術的なこと、あとは結果が出ない状況のほうが大きい。しかも、スタメン落ちしない限り、毎試合4回から5回は打席に立ち、結果を出して復調する機会が多くある。

しかし、盗塁の場合、試合に出ていても、塁に出て走る機会が必ずあるかと言えば、そうではない。初回の攻撃を除けば、たとえ打順が1番でも、毎回、イニングの先頭で打席に入ることはできない。自分の前の打者が塁に出てしまうと、チームにとってはいいのだが、盗塁のスランプを脱しようともがいているときには、それがかえってストレスになる。ヒットや四球で塁に出ても、自分の前に走者がいるとなると、「ああ、これじゃ走れないな」とますます焦《あせ》ってしまうからだ。

あるスランプのとき、珍しく気持ち的にも乗っていて、「よし、今日は行けるぞ」と思える日があった。ところが、そのようなときに限って、前の打者である投手が塁に出たりするのだ。次の自分がヒットを打って一塁に出たものの、前の走者は二塁でストップ。ダブルスチールをしても、二塁走者が三塁でアウトになれば、自分の盗塁は認められない。

そういうことが重なると、盗塁をしようという勇気が削《そ》がれていって、スランプから脱するのに時間がかかってしまう。

盗塁に関して深く考えていない人間は、盗塁にはスランプがないというだろうが、打者にも、投手にも、そして走者にもスランプはある。

スランプは誰にも、どのジャンルにもあることを知っておいてほしい。

第2章

野球を面白くする盗塁の神髄

～勝負を決める魔法の足～

「フライボール革命」だからこそ、盗塁の価値が上がる

ここ10年で、プロ野球の戦い方が大きく変わった。1つめの転機は2011年に採用した統一球、いわゆる「飛ばないボール」だ。これにより、両リーグ合わせたホームランの総数は、10年の1605本から11年には939本へと激減し、一流打者の証《あかし》と言われる3割打者も、10年の27人に対し、11年は9人。打者の打率も、おしなべて下がってしまった。

それと反比例するように投手の防御率が良くなった。それまでは3点台に抑えれば上出来と言われた防御率で、1点台の投手が続出。各球団のエース級からは、1試合に2点取るのが難しい状況になっていた。完全な「投高打低」だ。

ただ、これではプロ野球ファンとしてはつまらない。緊迫感のある投手戦もヒリヒリしていいものだが、やっぱり、得点の取り合いのほうがシンプルで面白い。打者としても、ボールによってここまで成績が落ちるとなると、死活問題だ。

そんな流れもあり、13年から再びボールが飛ぶようになった。いや、「以前に戻った」という表現が正しいか。当初、ボールの再検討をNPB（日本野球機構）が公《おおやけ》に発表しなかったため、球界全体に混乱を招く事態になった。記憶に残っている読者もいるだろう。

そして、ボール問題が一段落した今はどうなっているかというと、メジャーリーグから入ってきた「フライボール革命」（ゴロにならないよう、打球に角度をつけて打ち上げ、長打の確率を高めようとする理論）の影響もあり、フルスイングする打者が明らかに増えている。その代表例が柳田悠岐《やなぎたゆうき》選手（福岡ソフトバンクホークス）や山川穂高《やまかわほたか》選手（埼玉西武ライオンズ）だろう。

15年以降の12球団の本塁打総数を調べると、1218本、1341本、1500本、1681本と、年々増えている。15年にはヤフオクドーム（福岡 ヤフオク！ドーム）に「ホームランテラス」が誕生し、19年からはZOZOマリンスタジアムにも「ホームランラグーン」が新たに設置された。球界全体が、長打重視のビッグベースボールに流れているように感じる。

とはいえ、盗塁の価値がなくなったわけではない。

むしろ、こういう時代だからこそ、足の価値が高まってくる。それを証明していたのが、強力打線を擁して18年のパ・リーグを制した埼玉西武だ。秋山翔吾《しょうご》選手、浅村栄斗《ひでと》選手（現東北楽天ゴールデンイーグルス）、山川選手を中心にした強打が目立ったが、ライオンズのすごさはそこだけではない。強力打線に加えて、走れる選手が揃《そろ》っていたことだ。18年のチーム盗塁数は、リーグ1位の132個を記録。源田壮亮《げんだそうすけ》選手が34個、金子侑司《ゆうじ》選手が

32個、外崎修汰《とのさきしゅうた》選手が25個、秋山選手が15個と、スタメンの半分近くが走れる足を持っていた。盗塁成功率も7割3分3厘と高い数字を残している。

私は、打力＋走力＝攻撃力だと考えている。打力と走力のどちらか一方が弱ければ、攻撃力は落ちていく。いわば、車の両輪と言える。

例えば、一塁に俊足の源田選手がいて、打席に山川選手が入ったとしよう。試合は終盤で1点を争う展開とする。バッテリーが考えることは、「源田には走られたくない。でも、山川にも打たれたくない」。こうなると、打者にだけ100%の力を注ぐことができないのだ。源田選手の足が気になると、どうしてもアウトコースのストレートが増えてしまう。山川選手もそれをわかっているので、狙い球を絞《しぼ》って、思いきり踏み込んで強い打球を放つことができる。

反対に、山川選手のバッティングを警戒すれば、バッテリー心理としては変化球を投げたくなるわけで、そのタイミングを狙《ねら》って、源田選手がスタートを切ってくる。

もし、ライオンズがただ打つだけのチームであれば、対戦するバッテリーはさほど怖《こわ》くはなかっただろう。ランナーを出したとしても、目の前の打者に100%近い力を注ぎ、打ち取ることに専念できるからだ。バッテリーにプレッシャーをかけられる足があったからこそ、その相乗効果でかつてないほどの破壊力抜群の打線が誕生したと言える。

1年目(2017年)が37盗塁で新人王、2年目も34盗塁でベストナインの源田壮亮選手。

春夏連覇の大阪桐蔭《とういん》がかけていた「走るプレッシャー」

野球のカテゴリーとレベルは違うが、ライオンズと同じような野球をやっていたのが、18年に甲子園春夏連覇を果たした大阪桐蔭《とういん》高校だ。私は、春のセンバツ（選抜大会）に密着するテレビ番組『みんなの甲子園』（毎日放送）のキャスターを務めていることもあり、現役を引退してから高校球児の試合を見る機会が増えた。8年近く見る中で感じるのは、高校生のレベルが上がっているということである。

そして、その頂点に君臨しているのが大阪桐蔭だ。その強さを考えると、まずは、身体能力に恵まれ、野球センスの高い選手が揃っている、ということは前提としてあるだろう。でも、それだけで勝てるほど野球は甘くはないわけで、勝ち続けているのには理由がある。

18年のチームから感じたのは、「打力」＋「走力」の圧倒的な力だった。出塁すると、どの走者もバッテリーにプレッシャーをかけるようなリードをとり、ときには偽走（偽装スタート）をまじえながら、「走るぞ、走るぞ」というそぶりを見せる。こうなると、バッテリーとしては、どうしてもアウトコースのストレートが多くなってしまう。打者陣はそれを読んで狙ってくるのだ。根尾昂《あきら》選手（現中日ドラゴンズ）や藤原恭大《きょうた》選手（現千葉ロッテ）が、アウトコースを思いきり踏み込んで、左中間をぶち抜く長打を飛ばしていた印象が強いが、それはランナーの力もあってこそ。こうした戦い方から、大阪桐蔭の完成度の高さを感じた。

個々を見ても、上のレベルで戦える選手が多い。とくに藤原選手の脚力は素晴らしく、走りにくい甲子園球場のグラウンドでも、短い距離で加速できる技術と力が感じられた。プロの一軍レベルでも、十分に盗塁できる足を持っている。もちろん、最初は、プロのクイックや牽制《けんせい》の速さに驚くこともあるだろうが、何度も対戦していけば、スピードの感覚に慣れていくはずだ。第1章でも述べたように、千葉ロッテの井口資仁監督は若い選手を積極的に起用し、さらにアウトを恐れずに盗塁を仕掛けている。藤原選手にとっては、非常にいい球団に入ったと言えるだろう。

盗塁からは少し話がそれるが、いい球団と言えば、この藤原選手に限らず、18年秋のドラフトで注目を集めた高校生は、おのおのが力を発揮しやすい球団に入ることができたように思う。

岐阜県出身の根尾選手の場合は、同じ東海エリアの中日からの指名。チームの改革期を迎えている球団からすると、才能あふれる若手はのどから手が出るほど欲しかったはずだ。早い時期からの一軍デビューが予想される。

報徳学園高校（兵庫県）で活躍した小園海斗《こぞのかいと》選手は、広島東洋カープに入団した。まさに「カープ好み」と言えるプレースタイルで、いずれは走攻守三拍子揃った内野手として活躍をしてほしい。そして、金足《かなあし》農業高校（秋田県）のエースとして夏の甲子園準優勝に輝いた吉田輝星《こうせい》投手は北海道日本ハムファイターズへ。若手育成に長《た》けた球団であり、人間的な教育もしっかりしているのがファイターズの強みだ。あの素晴らしいストレートを武器に、日本球界を代表する投手に成長してほしい。

60個盗塁できれば3割打てる理由

「ニワトリと卵」のような話だが、昔から「あの選手はヒットをよく打って出塁する機会が多いから、盗塁も多い」と言われることが多かった。しかし、私は逆だと思っている。「盗塁を多くできる選手は、それだけ投手のことを多角的に見ているから、必然的に打率も上がってくる」という視点もアリなのではないだろうか。

その証拠に、プロ野球の歴史の中で、シーズンを通して盗塁を50個以上している選手で、打率が2割3分や2割4分で終わった選手はまずいない。

ある数字以上の盗塁ができる選手は、普段から投手や捕手の観察、配球の研究、アウトカウントなどのシチュエーションを注意深く見ている。だから、次に来るボールがなにかわかる確率も高くなる。すると、必然的に打率が上がってくるのだ。

この数年間で振り返ると、例えば、福岡ソフトバンクで活躍して18年限りで引退し、現在は同球団で内野守備・走塁コーチを務める本多《ほんだ》雄一《ゆういち》選手（通算３４２盗塁）の場合を見てみよう。本多選手は、10年に59個、11年には60個の盗塁を決めて、２年連続で盗塁王に輝いている。このときの打率を見ると、10年が２割９分６厘で、11年がキャリアハイとなる３割０分５厘だった。いろいろと研究したことで、盗塁を増やすことができたのと同時に、打率の向上にもつながったのではないだろうか。

同じく18年で引退した選手の話になるが、東北楽天の聖澤諒《ひじりさわりょう》選手も、11年に52個の盗塁をして、12年は54個で盗塁王に輝いている。彼も、やはり走る回数を増やすにつれて、打率を上げてきていた。

そういった意味で注目しているのが、さきほども例に挙げた埼玉西武・源田壮亮選手だ。新人王を獲得した17年は37盗塁で打率２割７分、18年は34盗塁で２割７分８厘。２番打者として安定した数字を残しているが、これが50盗塁以上決めるようになると、より３割に近い打率を打てるようになるのではないか。さらなるレベルアップに期待をしたい。

本多選手や聖澤選手のバッティングは、単純に打つ技術が上がっただけではなくて、盗塁を多く成功させることを通して、野球そのものに対しての研究が深くなったことも示している。相手の配球を読むレベルが上がってきたからこそ打てるようになっているのだと思う。

それだけ盗塁をできる選手だから、安打数も多く、打率も高いのだ。

打率が高いからといって盗塁数は必ずしも多くならないが、逆に、盗塁の多さは打率に関係してくると言っていい。

盗塁をする、それも60個以上となると、相手の投手の投球パターンとクセ、捕手の配球とクセ、野手の守備位置、アウトカウント、得点差から風の向きと強さ、そして打席に立っている味方の打者が引っ張るタイプなのか、流し打ちが得意なのか、小技はできるのか不得意なのかまで、すべて頭に入っていなければできない。

これらのデータをふまえたうえで、相手投手の投げてくるボールを予測し、スタートを切る。この洞察力《どうさつりょく》に、ある程度の打撃技術が加わってくれば、3割を打つことなど必ずしも難しくないと、経験からわかる。盗塁の数を60個に上げることで、見えてくる景色が変わってくるのだ。盗塁をするために必死になって努力する情報収集力が、バッティングにも役立ち、結果を残してくれる。

同じことは、福本豊さん（元阪急ブレーブス）に代表されるような、300以上の盗塁を記録し、かつ2000安打を達成している選手の名前を見ても言える（左ページ参照）。「ヒ

300盗塁と2000安打を達成した選手たち

300盗塁&2000安打達成者リスト		
選手名(所属)	盗塁数	安打数
福本 豊 (阪急)	1065	2543
広瀬 叔功 (南海)	596	2157
柴田 勲 (巨人)	579	2018
荒木 雅博 (中日)	378	2045
高木 守道 (中日)	369	2274
松井 稼頭央 (西武→メッツ→ロッキーズ→アストロズ→楽天→西武)	363	2090
石井 琢朗 (大洋・横浜→広島)	358	2432
張本 勲 (東映・日拓・日本ハム→巨人→ロッテ)	319	3085
秋山 幸二 (西武→ダイエー)	303	2157
(参考)イチロー (オリックス→マリナーズ→ヤンキース→マーリンズ→マリナーズ)	※708	※4367
※イチローの盗塁数は日本199、メジャー509、安打数は日本1278、メジャー3089(2018年終了時点)		

300盗塁&2000安打は、長い球史の中で、日米合算のイチロー選手を入れても10人のみ。

福本豊さんは、通算盗塁だけでなく、年間106盗塁の最多記録保持者。安打数も歴代5位タイ。

ットをたくさん打って塁に出る機会が多いから、盗塁も多いんだ」と思いがちだが、違う。

「盗塁が多いから、ヒットも多くなるのだ」

そう思っていただいていい。みなさんの一般的なイメージと逆なのである。

逆に、打率が高いからといって単純に盗塁数が増えるかと言えば、それはない。もっと盗塁できるはずなのに走らない選手はたくさんいる。

毎年確実に3割を打ってくる打者が盗塁の研究をして、もっと盗塁を意欲的に試みるようになれば、それがバッティングにもさらに好影響を及ぼして、とてつもない数字を残す可能性もある。

1つの視野だけで見ていたものを、違った視野からも見るようになれば、守備にも影響してくる。

例えば、一塁ベースに足の速い走者がいるとする。バッテリーはここでランナーに走らせまいとしてこういう配球をするだろうと、守備についている自分でも考えることができる。その結果、外野に飛んでくる確率が高いと判断すれば、守備位置を少し変える。実際にランナーが走ってくる。しかし、走ったのに逆に打者が打ってきた。でもこちらは想定ずみだ。対応は頭に入っているので、走者の三塁への進塁を防ぐことができる。

盗塁を試みようとする研究は、盗塁だけでなく、野球すべての視野を広げてくれる。

盗塁が相手チームに与える心理的負担

私が引退したときに、横浜（現横浜DeNA）ベイスターズの三浦大輔《だいすけ》さん（現横浜DeNA投手コーチ）から、こう言われた。

「お前がやめて、阪神の1番打者がいなくなったことで、ラクになったよ」

また、引退した翌年（10年）の春に、評論家として初めて各チームのキャンプを訪れた際、首脳陣の方々に、同じような言葉をかけられることも多かった。

読売ジャイアンツの原辰徳《たつのり》監督からは、「球界の宝を失った気がするよ。阪神に君がいなくなったのはめちゃくちゃ大きい」とまで言っていただいた。

今まで対戦してきたチームの方々は、私をそういうふうに見ていてくれたのだとうれしい思いをいだいたが、同時にやはり1番打者という存在は、そのように相手チームにいやがられなければいけないものなのだと再確認できた。

自分が外野を守っていたからよくわかるのだが、盗塁できる選手が走者に出ると、守っている選手はすごくいやな気分になる。外野への打球でやすやすと次の塁に行かせたくない。とはいえ、走者ばかりに気を取られていると、打球への反応が遅れてしまい、もっと大きなピンチを招いてしまうからだ。

もちろん投手にとっては、守っている野手以上に、もっといやな気分にさせられる。盗塁されて得点圏に進まれるのは困るが、かといって走者ばかりに神経を集中していると、打者との勝負が疎《おろそ》かになってしまうからだ。

現役時代、外野の守備についていた私の経験で言うと、例えば埼玉西武のおかわり君こと中村剛也《たけや》選手のようにホームランを量産する打者が走者なしで打席に入ると、確かに怖《こわ》いのだが、対応法は1つしかなく、悩むことはない。

「外野にボールが飛んできそうだ。左右両方に飛ぶし、どっちを守ろうか」

いずれにしても頭の上を越えていくホームランは仕方がないと切り捨てる。しかし、投手が詰まらせて打ち取った打球をヒットにしては、ショックが大きいので、それだけはなんとか捕ってやろう、と決断がしやすい。

しかし、塁上に、盗塁をしてくる走者、当時の西武の場合だと片岡易之《やすゆき》（のちの登録名：治大《やすゆき》）選手（現巨人二軍内野守備・走塁コーチ）がいれば、「ちょっと待てよ」となる。打者の中村選手だけでなく、走者の片岡選手も意識しなければならなくなるからだ。

片岡選手が単独でスチールをしてくるだろうか、それとも中村選手といえどもこのシチュエーションなら走者を進めるバッティングでくるだろうか。長打で一気にホームへかえすわけにはいかないから深めに守っておくべきだろうか、などなど、中村選手だけと対戦するときとは、まったく異なった様々な状況が浮かんでくる。もちろん、これは外野手だけでなく、内野手もバッテリーも同じだ。

盗塁する可能性のある走者が1人でも塁上にいるだけで、これほどまでに守備側にはプレッシャーがかかってくる。考えなければならないことが飛躍的に増えるのだ。

その心理状態を考えるならば、確実に走ることのできる走者を作り上げることは、相手チームにとってはホームラン1本以上のダメージと影響力がある。

私がプレーしていたころの阪神で、このような感覚を持った首脳陣はいなかった。監督、コーチにしても現役時代に私以上に走っていた方はおらず、そういう考えが浮かんでこなかったのかもしれない。最近では、現役時代に100個近く盗塁を記録している和田豊監督（在任期間は12～15年）が、足を使うことの重要性を認識されている方で、だからこそなんとかそういう存在を作ろうと、大和《やまと》選手（現横浜DeNA）や上本博紀《ひろき》選手など足の速い選手を12年のシーズン後半、積極的に使われていたのだろう。

その点、19年からチームを率いることになった矢野燿大《あきひろ》監督には、後輩の私が言うのも失礼な話だが、大いに期待をしている。18年、矢野さんはファームの監督を務めていたが、そこでウエスタン・リーグ記録を更新する163個もの盗塁をやってのけたのだ。失敗も

84個と多かったが、矢野さんは積極的にチャレンジすることの大事さを説いていた。

これは打席でも同じで、アウトを恐れずに、ファーストストライクからフルスイングする姿勢を意識づけた。

さすがに一軍のレベルになれば、ここまでの盗塁を決めることは不可能に近い。それでも、積極的に走ってきた経験は、どこかで必ず生きてくるはずだ。今のタイガースには、18年に一軍で19個の盗塁を決めた植田海《かい》選手や、ファームで26個の盗塁を記録した島田海《かい》吏《り》選手ら、走れる若手が増えてきた。矢野監督が、彼らの足をどのように攻撃に生かしていくか、注目したい。

逆にそういった発想ではなく、打てる選手ばかりを並べる監督もいる。しかし、こういう打線は相手からすれば脅威《きょうい》でもなんでもない。足の遅い選手なら塁上にいても盗塁を気にせず、打者勝負に専念できるからだ。過去に、巨人が各チームの4番打者ばかりをＦＡで獲得していたが、結局はうまく回らなかった。もちろんホームランが連続で出れば点にはなるが、バッティングは一流打者でも3割だ。ホームランが出る可能性を考えたら、その確率はもっと低くなる。守っているほうにすれば足を絡《から》ませてくる攻撃ほど恐怖は感じないだろう。

なぜなら、ビッグイニングを作られる恐れがないからだ。

相手にいやがられる選手が脅威である。投手に、どういう選手がいやかと聞くと、「ホームラン打者も怖いけど、いやらしい、こいつムカつくなっていう選手」と多くは答えるだろう。まさかり投法で有名だった200勝投手の村田兆治《ちょうじ》さん（元ロッテオリオンズ）も、ご自身の著書の中で「最もいやなタイプは、ファウルで粘ってくる打者だった」と述べておられる。

私も相手チームに嫌われてなんぼだと思っていたので、「こいつ、ムカつく」と思われてこそ自分の存在価値があると思っていた。

チームに必要なのは30盗塁の選手2人

18年のシーズン、最下位と低迷した阪神を例にして、足を生かしたチーム作りについて考えてみたい。投手陣は、規定投球回数に達したのも2ケタ勝利をあげたのもランディ・メッセンジャー投手のみ（11勝）。ただ、チーム防御率はトップの巨人（3・79）からかなり離されているものの2位（4・03）。打撃陣は、4番打者は不在で、チーム最高打率が糸井嘉男《よしお》選手の3割0分8厘。タイトルホルダーは1人もなく、チーム打率は2割5分3厘で5位（最下位は、横浜DeNAの2割5分0厘）。

そんなチーム状態で、今、どういう打者を作り上げたらいいか。

前項で19年の矢野耀大新体制への期待を述べたが、さらに私なりの提言をするならば、確実に一軍で30盗塁以上できる選手を2人作り上げることだと思っている。

現代野球における盗塁の大切さはこれまでも解説してきたが、やはり重要視されるべきものであると考えている。

私自身の経験として、練習や試合に臨《のぞ》むうえで、捕る、打つだけではなくて、事前の準備をするように心がけた。基本的に盗塁をするために得てきた研究の仕方や知識があったからこそ、ほかの選手より守備範囲を広くとってカバーできたり、選球眼も良くなり打率も上がったりしたのだ。

30盗塁ができるようになれば、打率は2割8分まで間違いなく上がってくる。加えて、盗塁という新たな視点から野球を見直せば、守備面も違った発想で取り組んでいける。

このように盗塁という観点から野球に向き合えば、打撃も守備も向上するという信念を私は持っている。これは昨日今日、思いついたことではなくて、亜細亜《あじあ》大学のときに盗塁を増やそうとして、そういう研究をすることの大事さを学んだのだ。そして、それが大学、社会人と私の野球を支え、プロ入りへと結びついた。

阪神への入団会見時に、「足には自信があります。ただ、走るのが速くても仕方がありません。盗塁することに自信を持っています」と、私は述べた。それは「ビッグマウス」ではなく、走るのが速いだけじゃ意味がないということを言いたかったのだ。また、それなりの自信もあった。例えば、プロに入り、キャンプで先輩方のダッシュを見て、「この人、速いなあ」と思う。しかし、その走さに驚きつつも、「俺が見せたいところは、そこじゃない」という気持ちがあった。「実際に盗塁する能力を見てくれ」という思いだった。

他人から学ぶのは簡単だが、それをいかに自分のものにしていくか。または自分で見つけられるかという作業をずっとやってきていたことが、プロに入ってから役立った。

だからこそ、阪神の若手にも一軍でどんどん走ってほしい。残念ながら、ここ数年はゲームで見ていても、走るチャンスはいっぱいあるのに走らないときがまだまだ多いような印象を受ける。それは若手選手たちだけが原因ではなく、チームが彼らの背中を押してやらなければいけないのに、そうなっていない結果だと思う。

本当ならば、チームの調子が良くないからこそ、若手に対してどんどん走らせるべきなのだが、そうはなっていなかった。若手たちがもっと走り出せば、打つほうでも活躍して、阪神は怖いチームになってくるはずだ。しかし、冒険できない閉塞感《へいそくかん》がチームにあったのだろう。19年、体制が変わった中、若手選手たちが盗塁に目覚め、30盗塁以上してくると、相手にとっては本当にいやだと思う。

いずれにしても30盗塁以上の選手が2人出たら、大きくチームは変わる。これはもちろん阪神に限らない。盗塁を試みようと頑張ることは、野球を考えることなのだ。

8割の成功率というプレッシャー

勝っていくために、攻撃面でなにをするかと考えた場合、いちばん理解しやすいのは打率を上げていこう、ホームランを打てる長距離ヒッターを確保しようという発想だろう。

これまでいろいろな理論が言われてきたが、プロ野球の世界で目がいくのは、結局は「打つ」か「打たない」かだ。しかし、野球の中でいちばん確率が低いのが「打つ」か「打たない」の部分でもある。2割5分が3割打てたところで、アップ分は100分の5である。100打数で5本のヒットを「打つ」か「打たないか」で大騒ぎしていることになる。

私の現役時代の盗塁成功率は、8割1分2厘である。100回走れば81回成功することを意味する。ちなみに現役時代に200盗塁以上した選手で、最も成功率が低かった選手で6割1分1厘だ。それでも、100回走れば61回は成功している。

なぜ盗塁成功率を出したかというと、この数字の意味するところを現役のプロ野球選手、監督、コーチが理解していないと思うからだ。

成功率8割ということは、ヒットで一塁に出て走れば、ほぼ二塁まで行ってしまうということを意味している。ヒットだけでなく四死球を与えても、スコアリングポジションの二塁ベースまで行く。このことは、盗塁できる選手が一塁に出ることは守る側にとって脅威以外のなにものでもないことを示している。

相手にそう思わせれば、バッテリーの緊張感が増し、コントロールミスを誘発する可能性も高まる。また、内野の守備陣形も盗塁を警戒して二塁ベースに近づく分だけ、一、二塁間、もしくは三遊間に隙《すき》ができ、ヒットも出やすい。外野もバックアップを考えればポジションを少し前に出さざるをえず、そうなれば定位置なら軽く処理できたフライが頭を越していく恐れが出る。盗塁成功率を高めることが、どれほど攻撃にとって有利かがおわかりいただけると思う。

この走るプレッシャーを理解しているチームが、前述した18年の埼玉西武や日本一を成し遂げた福岡ソフトバンク、セ・リーグを3連覇した広島東洋カープだ。18年のこの3チームは、打力と走力が見事なまでに嚙《か》み合い、バッティングと足で得点を重ねていった。ただ、逆の意味で、足の力が証明されたのが、ポストシーズンだった。ライオンズもカープもホークスの前に敗れた。両チームともに甲斐《かい》拓也《たくや》捕手の「甲斐キャノン」によって、武器である足を封じられたからだ。カープに至っては、日本シリーズで6連続盗塁失敗と

握り替えの速さと正確な送球で多くの快足選手を苦しめるソフトバンクの甲斐拓也捕手。

いう屈辱を味わった。こうなると、完全に相手に流れが行ってしまい、ペナントレースのように打力と走力を組み合わせた野球ができなくなってしまう。

そして、近年安定した結果を残し続けている北海道日本ハムも、足の力を十分に理解しているチームと言っていい。指揮を執《と》る栗山英樹監督が、現役時代は俊足巧打の選手だったこと、さらにはホームランが出にくい札幌ドームを本拠地にしていることも関係しているだろう。

目を見張るのが、チームとしての盗塁成功率の高さだ。15年からの数字を調べてみると、15年=7割7分9厘、16年=7割7分1厘、17年=7割6分1厘、18年=8割0分3厘を記録。18年のパ・リーグ全体の盗塁成功率が7割1分6厘だったことを考えると、いかに高い数字であるかがわかるだろう。

この成功率の高さに大きく貢献しているのが、不動の一番打者としてチームを牽引《けんいん》する西川遥輝《はるき》選手だ。今のプロ野球界で、最も盗塁技術が高い選手であり、とにかくアウトにならない。バッテリーは警戒しすぎるぐらい警戒しているのだが、その網《あみ》をかいくぐるかのごとく盗塁を重ねていく。盗塁を決めるための思考や技術については、59ページからの対談でたっぷり語ってもらっているので、ぜひご覧いただきたい。

西川選手の後ろを打つことが多かったのが、巨人から北海道日本ハムに移籍して以降、才能が開花しつつある大田泰示《たいし》選手。ぶんぶん振り回しているイメージがあるかもしれないが、配球を読みながら逆方向を狙うなど、西川選手の足を生かそうとしている。3番には打率の高い近藤健介《けんすけ》選手がいるだけに、「得点力」という意味では2番・大田選手の役割が非常に大きなウエイトを占めている。

パ・リーグの野球というのは、昔はどちらかというと豪快で大雑把《おおざっぱ》だった。細かいことは考えずにドカンとホームランで得点していくというもの。しかし、近年はその豪快さに足を絡めた緻密《ちみつ》な野球が加わり、リーグ全体の野球が変わってきているように感じる。交流戦でパ・リーグが勝ち越しを続けているのも、このあたりが1つの理由と言えるかもしれない。

特別対談 前編

赤星憲広×西川遥輝

プロフェッショナル盗塁論

高い盗塁成功率の極意

「盗塁を成功させるためには準備こそがすべて」──赤星
×
「すべての投球に対してスタートを切ること」──西川

赤星 今日は忙しい中、わざわざありがとう。

西川 こちらこそ、声をかけてくださり、ありがとうございます。

赤星 僕が現役を引退したのが2009年で、西川君がプロ入りしたのが11年。学生時代は自分の野球が忙しかっただろうから、僕の阪神タイガース時代のプレーはそんなに覚えていないかな?

西川 自分は和歌山に住んでいたので、子どものころから阪神の試合をよく見ていました。甲子園球場にも行ったことがあります。高校時代（智辯《ちべん》学園和歌山）も寮ではなく、自宅から通っていたので、時間があるときはテレビでプロ野球を見ていましたよ。赤星さんは、試合を見るたびに盗塁を決めていた印象があります。

赤星 ということは、阪神ファンだった?（笑）。

西川 いえ、ファンというわけではないんですけど（笑）、父が阪神の応援団に入っていたみたいで、身近なチームではありました。

赤星　じゃあ、少しは阪神戦を見てくれていたのかな。今日のテーマはズバリ「盗塁論」。

西川　はい、お願いします！

赤星　僕は、現役選手の中で、西川君の盗塁技術が間違いなくナンバーワンだと思っている。いや、過去の選手を含めても突出しているんじゃないかな。侍ジャパンにも、絶対に呼ぶべき選手。そうした思いもあって、対談相手として声をかけさせてもらったんだ。

西川　ありがとうございます。赤星さんのような盗塁のスペシャリストの方に認めてもらえるのは、すごくうれしいです。

赤星　さっそくだけど、盗塁を決めるためには「スタート」「スピード」「スライディング」の頭文字を取った「3S」が大事と言われているけど、西川君はそのすべてが優れている。スタートのタイミングがうまく、トップスピードに乗るまでが早く、最後のスライディングも勢いが落ちない。マイナス要素をさがすのが難しいんだよね。

西川　赤星さんにそう言っていただけるなんて、ありがたいです。

赤星　西川君は、18年シーズンまでのプロ通算で盗塁成功が226回で失敗が33回。成功率8割7分3厘。18年には3度目の盗塁王を獲《と》ったけど、44回成功して、失敗はわずかに3回で、成功率9割3分6厘。数字を見ても、盗塁技術の高さがあらわれているよね。なぜ、こんなにも成功率が高いのか。そこで、まず技術的なことを聞いていきたいんだけど、盗塁を決めるためのポイントはどのあたりかな？

西川　いちばん大事にしているのは、アウトにならないことです。出塁して、そのままファーストにいれば、アウトになることはありません。もちろん、牽制《けんせい》死というのはありますけど、盗塁失敗に比べれば、気をつけていれば防げますから、その割合は低いですよね。だから、二塁にわざわざスタートを切るのであれば、アウトになってはいけないと考えています。

赤星　その考えはすごくよくわかる。僕自身も、現役時代は「アウトにならないように」と考えて走っていた。そのために大事にしていたのが準備。ピッチャーのクセを研究したり、キャッチャーが変化球を要求するタイミングを読んだり、ときにはキャッチャーのサインを解読して、変化球だとわかれば盗塁を仕掛けていく。わずかな時間にどれだけの情報を仕入れることができるか。打席にいるバッターのためにも、2球以内には走るように心がけていたね。

西川　僕がアウトにならないために意識しているのは、一塁に出たときはすべての投球に合わせて、スタートを切ることです。そのときの疲労度や体調に合わせて、自重することもありますけど、いいスタートが切れたら走る、スタートが遅れたら行かない、という感

著者は現役時5回、西川遥輝選手も2018年までで3回と、2人とも盗塁王を複数回獲得。足のスペシャリスト同士ということで、通じ合う部分も多い対談となった。

じですね。一歩目、二歩目で、「これは行ける」というのがわかります。

赤星　言葉で聞くと簡単そうに思えるけど、これがなかなか難しいんだよね。たいていの選手は「このスタートだとアウトになる」ということがわからない。これはもう言葉で説明するのがなかなか難しくて、感覚の世界になってしまうんだけど。この感覚を持っている選手は、西川君のように盗塁成功率が高い。ベンチからは、いつでも行っていいというグリーンライトの指示でしょう?

西川　ええ、走るタイミングは任されています。まあでも、なにをするにしても、「行っちゃえ!」とか「やっちゃえ!」が大嫌いで……。ある程度の確信がないと、盗塁も行かないんです。たぶん、これは性格の問題もあるんでしょうね。

赤星　石橋を叩《たた》いて叩いて叩いて、ようやく渡るタイプだね。盗塁成功率を意識するようになったのは、いつぐらいから?

西川　本当に意識するようになったのは、16年あたりからですね。きっかけになったのが14年でした。この年は「盗塁王を獲れる」という確信があったんですけど、自分の中で、少ない盗塁数でタイトルを獲るのはいやだなと、変なこだわりがありました。

赤星　それは、わかる。

西川　だから、けっこう、むちゃくちゃに走っていて、この年は9月だけで盗塁失敗が5

つもあったんです。そのときはハムストリングス（太ももの裏側）を痛めていたんですけど、それでも盗塁数を増やしたくて走っていましたね。ただ、やっぱりアウトになると盗塁の意味がなくなってしまいます。チームも自分も、ちょっとテンション下がりますしね。

赤星　そうなんだよね。

西川　そういうシーズンの経験もあって、「自制」できるようになったのが、成功率の高さにつながっていると思います。

赤星　14年の盗塁成功率が7割9分6厘。今、言ったように成功率を意識し始めて以降は、16年が8割9分1厘、17年が8割8分6厘、18年が9割3分6厘。成功率の数字が明らかに違ってきているね。

西川　アウトになるタイミングでは走らない、という感覚をつかめたのがいちばん大きいと思います。あとは、相手のバッテリーが僕の足をものすごく意識するようになって、それでアウトになると、流れが完全に向こうに行ってしまうんです。

赤星　「西川を刺してやったぞ！」と(笑)。

西川　はい。そう思われるのが、すごくいやなんです。そのあたりは、僕も負けず嫌いなので(笑)。

盗塁王の珠玉のスタート技術論

「右足を一歩引いてからスタートを切っています」―西川
×
「スタートの一歩目は左足のクロスオーバー」―赤星

赤星　西川君の盗塁を見ていると、スタートの一歩目のタイミングが早い。盗塁の命とも言える一歩目だけど、スタートに関してはどんな考えで取り組んでいるのかな？

西川　あまり意識しているわけではないですが、右足を一歩引いてから（体の中心に寄せる）スタートを切っています。自分は股関節《こかんせつ》がすごく固くて、重心を低くするには足のスタンスを広くせざるをえないです。そのスタンスからスタートを切ろうとすると、右足を引かないと、左足が出てこなくて。ただ、これは理想の形ではなくて、実際には右足を引かないほうが素早くスタートを切れると思っています。

赤星　確かに、スタンスが広いと、なかなか左足が出てこないね。

西川　もし、股関節が柔らかかったら、もう少しスタンスを狭くして、左足からスタートを切っているかもしれません。

赤星　なるほどね〜。そうやって、自分の体の特徴をわかったうえで、それに合ったスタート方法をとっていることが素晴らしい。なにもわからずに、うまい選手の形だけをまねしたり、コーチに言われたとおりのことをやったりしているうちは、なかなかレベルアップできないからね。

西川　赤星さんは、現役時代、どういうスタイルだったんですか？

赤星　僕の場合は、西川君と違って、左足のクロスオーバー（右足は動かさず、左足を二塁ベース方向に向ける）でスタートを切っていた。でも、そこにたどり着くまでにいろいろなやり方を試していて、あるときには右足で軽くステップしてからスタートする方法もやってみたことがある。盗塁は「静から動」の動きになるから、どこかで1度動きのきっかけを作ったほうが素早くスタートを切れると思ったから。ただ、感覚的にどうもしっくりこなかった。結果的には、自分の場合はクロスオーバーのほうが素早いことがわかって、左足からスタートを切るようになったんだよね。

西川　自分も、できることなら、左足からスタートしたほうが素早いと思っています。こうして、一歩目のスタートを考えるようになったのも、16年ぐらいからです。それまでは、ほとんどなにも考えていなくて。どうやってスタートを切っていたか、思い出せないぐらいです。

赤星　それでタイトルを獲れるんだからすごい（笑）。考えるようになったのは、なにかきっかけがあったの？

西川　それこそ、沖縄のキャンプで赤星さんとお話しする機会があってからですね。

赤星　ああ、話したね。

西川　そのとき、右足を引いてスタートしていることを指摘していただいて。それで初めて、「自分のスタート方法は人とは違うんだ！」と。そこから、いろいろ考えるようになりました。

赤星　西川君は構え方も特徴的で、体が二塁方向に向いているよね？

西川　やっぱりいちばん早く動けるのは、陸上選手のクラウチングスタートのような構えだと思うんです。完全に体を二塁ベースに向けてしまえば、素早いスタートダッシュから立ち上がることができると思います。でも、野球のランナーは帰塁しなきゃいけませんから。

赤星　完全に向くことはできない。

西川　それでも、最近は帰塁に絶対的な自信を持てるようになって、できる限り進行方向、一塁ランナーだったら二塁ベース方向に体を向けるようにしています。

赤星　その感覚はよくわかる。僕はピッチャーと駆け引きをしていて、そのときどきで体の向きを変えていたんだよね。牽制がうまい相手だと、なるべくピッチャー方向に体を向けるようにして、帰塁に意識を置く。逆に、牽制されても絶対戻れるというピッチャーなら、体を二塁方向に向けてリードをとる。過去の映像を見ると、体の向きは微妙に変わっているかと思う。帰塁に自信を持てるようになったのは、どうして？

西川　試合の中でいろいろ経験を積んでいって、自分自身に合ったリード幅を見つけることができたからですね。一塁に戻ってもセーフで、盗塁をしてもセーフになるリード幅ですね。ピッチャーによって多少の微調整はしますけど、基本的なリード幅がわかったことによって、帰塁の自信がつきました。

赤星　だいたいどのぐらい？

西川　歩幅で測って、12・5歩から13歩です。屋外球場で、アンツーカー（ベースまわりの土）がない球場では、試合前の練習で必ず歩測するようにしています。いつもと同じようにリードしても、そのときの調子や感覚によって、小さいかな、と思うこともあるので、毎試合測っていますね。

スライディングのメソッド

「左右両足でスライディングできるほうが、セーフ確率が上がる」――赤星

×

「18年の途中からスライディングを変えた」――西川

赤星　僕も基本的なリード幅は13歩。そこから、二塁ベース手前でスライディングするまでも13歩。いつも決まっているので、スライディングを踏みきる足も決まっていた。

西川　自分は二塁まで何歩かまで気にしたことはないんですけど、今までは左足が下で、右足を伸ばすスライディングをしていました。赤星さんはどっちの足だったんですか？

赤星　おもには、右足を下にして、左足を伸ばす形かな。高校時代は左足を下にして、右足を伸ばしていたんだけど、この滑り方だと顔が内野のほうに向いてしまう。それで、キャッチャーからの送球が顔面に当たったことがあって、当時の監督に「危ないから、逆足で滑れるように練習しておけ」と言われて、逆足に替えた経緯があるんだよ。高校生のキャッチャーは、焦《あせ》れば焦るほど送球がシュート回転して、ランナーのほうに向かってくるから、本当に危ない。ただ、そのおかげで、どちらの足でも滑れるようになった。盗塁だけでなく、本塁のクロスプレーで、タッチをかいくぐることを考えても、左右両方でスライディングできるほうが、セーフになる確率が上がるから。

西川　赤星さんがおっしゃるように、左足が下の滑り方だと送球が当たってのケガが怖《こわ》いんですよね。なので、自分も18年から逆足のスライディングも練習をするようにして、余裕があるときは、左足を伸ばすスライディングを入れています。それに、左足を伸ばしたほうが、野手のタッチをかいくぐりやすいと思うんです。足にタッチする場合は、どっちのやり方でも変わらないんですけど、送球がそれたときにタッチをかわしやすいかなと。「リクエスト制度」ができたことによって、足が入っていると思っても、先に体にタッチされ

右足を伸ばすスライディングの西川遥輝選手。今後は、逆足での滑り込みが増えるかもしれない。

ているとアウトになってしまうんですよね。

赤星　リクエスト制度がないときは、「タイミング」でのジャッジも多かったからね。足が入っているようなタイミングだとセーフになりやすかった。

西川　福岡ソフトバンクで活躍された本多雄一さんも、確か右足が下で、左足を伸ばしていたと思います。

赤星　そう考えると、左足を伸ばすスライディングが増えるかもしれないね。西川君だけでなく、いろんな選手がどっちの足でスライディングをしているか、よく見るようにしておくよ。

西川　ただ、本当に間一髪のときだと、自分はまだ右足を伸ばしたほうがやりやすいので、そっちになると思います。両パターンを躊躇《ちゅうちょ》なく使えるのが理想ですね。

グラウンドコンディションで変わる盗塁成功率

「スパイクの刃を3ミリ変えて対応している」─西川

×

「球場に合わせたスパイクを持ち歩いていた」─赤星

西川　赤星さんは甲子園球場を本拠地にされている中で、あれだけの盗塁を決めたことが本当にすごいと思います。やっぱり、土は走りにくいですよね？

赤星　それをわかってもらえることがうれしいよ（笑）。僕は、通算の盗塁成功率が8割1分2厘なんだけど、感覚的には人工芝の球場だけなら9割は超えていたと思う。甲子園の土はとくにフカフカしていて、柔らかい。ちょっとでも雨が降ったら、さらに柔らかくなって、よりいっそう走りづらくなる。その中で盗塁を決めようとすると、ほかの球場よりもリードを大きくとって、スタートにも神経を使わざるをえない。人工芝ではほとんど考えたことがないんだけど、甲子園球場のときだけは「絶対にいいスタートを切らなければいけない」と思っていたね。

西川　僕も人工芝じゃない球場の走りにくさは感じていました。甲子園もそうですし、今はマツダスタジアム（Mazda Zoom-Zoomスタジアム広島）も柔らかくて、盗塁を決めるのは大変です。もっと大変なのが土のグラウンドの地方球場で、かなりフカフカですね。

赤星　球場によって、盗塁の成功率は変わっていくよね。18年、広島の盗塁数はリーグトップの95個だったけれど、成功率はリーグ4位の6割6分。これはホームがマツダスタジアムということも影響していると思う。

西川　それは絶対にありますよね。

赤星　僕が現役のころ、当時の岡田（彰布）監督が、「赤星が走りやすいように、甲子園では、一塁から二塁までの走路を固めよう」と球場に言ってくれたことがあったのよ。それはうれしかったんだけど、冷静に考えてみると、あの当時のタイガースで走るのは、ほぼ僕だけ。もし、カープと対戦するとなれば4〜5人は走ってくる。さらに、グラウンドが固いとバウンドが跳《は》ねやすくなり、ファーストやセカンドの守備が難しくなってしまう。そうしたもろもろの事情から、そのマル秘作戦は1試合だけで終わったことがあったんだよね。今でも、「赤星のために、いつも土を固くしていた」と言われているみたいだけど、本当にやったのは1試合だけだから（笑）。

西川　1試合でもやったのが面白いですね（笑）。

赤星　ほんとに（笑）。ただ、甲子園が走りにくいことは確かだったけど、守備の負担を軽減できるという点ではプラス要素だったと思う。ずっと人工芝の上でプレーしていたら、ヒザや腰への負担は大きかったんじゃないかな。だから、人工芝は盗塁面での走りやすさがある一方で、疲労度がある。年間通して戦うことや、長くプレーしていくことを考えていくと、天然芝と土のグラウンドのほうがいいのかなとも思う。どっちというのはなかなか難しいけどね。パ・リーグの球場はあまり詳しくないんだけど、実際に走ってみてどう？

西川　北海道日本ハムの本拠地である札幌ドームは、人工芝が短いので走りやすいんですが、芝が短くて固い分、スライディングが滑りすぎてしまうので、ちょっと怖いときも……。二塁ベースを越えてしまったこともありました。

赤星　確かに滑りすぎてしまうのは怖いね。

西川　それに対して、けっこう走りにくいのがヤフオクドーム（福岡ヤフオク！ドーム）です。芝が長くて、人工芝がフカフカしているんですよ。

赤星　重く感じる？

西川　ええ、足が前に進まないんですよね。さらにベースまわりの土が粘土質で、スライディングが止まりやすくて。少しでもスパイクの刃が引っかかると、足が変な方向に曲がってしまいそうになるときもあります。

赤星　それは、走っている選手にしかわからない感覚だね。スパイクはどの程度、履《は》き替えているの？

西川　自分は、2足を使い分けています。札幌ドームのように芝が短いところは短い刃のスパイクを履いていますね。刃を短くしたのは、走りやすい球場ほど出力が出すぎてしまい、ケガの怖さがあったからです。ヤフオクドームのように芝が長い球場は、それよりも3ミリほど刃が長いスパイクで走っています。

赤星　2足かぁ。僕は、ちょっとしたことでも気になるタイプだったので、球場によって細かくスパイクを替えていた。スパイクを履きかえることによる安心感が欲しかったんだよね（笑）。

西川　刃の位置まで変えていたんですか？

赤星　土と人工芝では、刃の位置が違うスパイクを履いていたよ。前が3本、後ろが3本というのは同じなんだけど、土の球場は通常のスパイクよりも前側に刃があるものを使っていて、そのほうが走りやすかった。

西川　そうなんですね。

赤星　これを人工芝で使うと、刃が引っかかりすぎて、とくにスタートするときに邪魔になってしまうんだよね。あとは、刃の長さを球場ごとに使い分けていて、芝が短い神宮球場とナゴヤドーム用、芝が長い横浜スタジアムと東京ドーム用、土がフカフカしている甲子園用、土だけど少し固めの広島用と、セ・リーグの球場だけで4つのスパイクを持っていた。スパイクの刃がいちばん長いのが、甲子園で使うもの。あとはオールラウンダー用も持ち歩いていたから、合計で5足かな。

西川　すごいですね！

赤星　ここまで揃《そろ》えている選手はなかなかいないと思うよ。もはや趣味みたいなものだから。普通は、何足も持ち歩くのだけで面倒だしね(笑)。

（233ページからの対談後編に続く）

第3章

投手との奥深き駆け引き～クセの見抜き方&リードの技～

投手のクセの見抜き方

本章では、走者と投手との駆け引きについて述べていきたい。

盗塁をするうえで大事なことの1つは、投手のモーションを盗むことだ。わかりやすく言えば、投手がホームベースに向かって投げようとモーションを起こすか起こさないうちに、スタートを切ることだ。そのとき、当然の話だが、一塁ベースに向かって牽制球《けんせいきゅう》を投げてこないことが大前提となる。

牽制球ではなく、ホームベースに向かって投げるためにモーションを起こした、と判断できる瞬間が、早ければ早いほど、スタートも早く切れる。当然、セーフになる確率も高くなる。

また、走者にとっては、球種も大事だ。投げるボールがストレートか変化球かで、成功率が大いに変わってくる。

ストレートを目いっぱいに投げ込んだときに比べて、変化球のときのほうが、ボールの捕手への到達時間が遅くなるし、捕手もそれに対応して捕球することになるので、ますます二塁ベースへの送球が遅くなってしまう。

投手が牽制してくるのか、それともホームベースに向かって投げるのか。また、ホームベースに投げる場合、そのボールはストレートなのか変化球なのか。

それを知るためには、投手のクセを見抜くことが第一歩だ。

投手も人間なので、足の速い走者が一塁に出るとどうしても気になってしまう。そうすると投手がホームに投げるときと、一塁に牽制してくるときとの2種類の違った動きが出てくる。

また、ホームベースに投げるときでも、球種によって動きが変わることがある。それらの動きの中に違いを見つけることが、投手のクセを盗むということだ。

そのためには、なによりも観察力がものをいう。

クセを盗むということは、投手の動きを熱心に観察することから始まるのだ。

「なにか違いはないか?」と、投手の一挙手一投足《いっきょしゅいっとうそく》に、細心の注意を払って、注意深く観察する。

まず、そういうところに観点、意識を置くことが大事になってくる。

最近では、映像によるデータが山のようにあるので、投手の映像を何度も繰り返し、頭の中に焼きつけるほど見る。その映像をもとに、自分なりに投手のクセのようなものを見つける。

次に、実際に塁に出たときに、映像で発見したクセが正しいかどうかを、直接、自分の目で見て確かめる。

クセは、1つ見つければそれで終わりではなく、絶えず観察し続けなければいけない。相手が一流投手であれば、より自分のレベルを上げようと研究をして、相手に自分の弱点を悟られないように軌道修正してくるからだ。

近年は投手もレベルが上がってきていて、クセを見つけづらくなってきてはいる。それでも、見つけたクセ以外のクセもさがそう、なにかどこかにないかな、という気持ちで常に臨《のぞ》むことが大切だ。

そうしないと、たちまち盗塁する勇気を持てなくなってしまうことになる。

変な話だが、盗塁が多くできる選手は投手のモノマネがうまい。私自身も自分が対戦してきた投手のモノマネはいくらでもできる。

マウンドに立つ投手がセットポジションに入ったときのクセ、そして投げるときの細かいクセをすべて再現することができる。

ただし、それはすべて一塁ベース上から見た投手の姿なので、左投手のモノマネなら真正面から見た姿であるし、右投手のモノマネならば後ろ姿になる。

モノマネができるくらいに相手投手を観察できるということは、打席に入っても、マウンド上の投手の体やそのほかの細かい動きが頭に焼きつけられていることを意味する。そうすれば、投手の投げてくるボールの種類がわかるようになる。

クセを見つけるというのは、野球という競技全体への観察力の向上にもなり、バッティングや守備の面でもそれは必ず生きてくる。

走りやすい投手、走りにくい投手の違い

試合で実際に投手と対戦してみて、初めてわかることがある。

映像で見ていると、ここにもあそこにもクセがあると思ったのに、いざ対戦してみるとそれがまったくわからず走る隙《すき》がなかったり、逆に映像では発見できなかったのに、試合の中で塁上から見てみると、はっきりとわかるクセがあって簡単に盗塁ができたケースもあった。どちらも、最終的にはゲームの中で対戦してみないとわからない。

私はプロでも足を生かしていこうと思ったので、阪神に入団したときに、まずはプロの投手を研究してみた。モーションの大きさやクセなどを見て、それに自分が大学、社会人とやってきた経験を重ねて考えると、これなら盗塁できるなと思えた投手は、入団当時、30人くらいいた。

そして、いざ試合で対戦した経験から言うと、走りやすい投手は、セ・リーグよりもパ・リーグに多いように思えた。交流戦が始まって、パ・リーグの投手と対戦するようになってそう感じたのだ。

昔からセ・リーグは緻密《ちみつ》な野球、パ・リーグは豪快な野球と言われてきた。

セ・リーグでは足を絡《から》めた攻撃が主流で、盗塁やバント、ヒットエンドランなどのプレーが多く、当然だが投手も塁上の走者への警戒は厳しかった。

一方、パ・リーグでは細かい作戦に出るよりは、打者がどんどん打ってくる野球をしていたので、投手としても出塁している走者を気にするよりは、打者勝負にならざるをえず、盗塁に対しての警戒はゆるみがちだった。

かつてほどではないにせよ、近年でも、パ・リーグの投手は走者の盗塁を意識するよりも打者を抑えにいこうという気持ちが強い投手が多いように思う。牽制で走者をアウトにするよりも、打者を力で抑えてやろうという投手だと、走者としては走りやすくなる。

例えば、北海道日本ハムに在籍していたときのダルビッシュ有投手（現シカゴ・カブス）がその典型的な例だが、彼は塁上に走者がいても大きいモーションのまま投げてくる。それは、走者が二塁に行ったところで、自分は絶対、点はやらないという自信があったからだろう。

私の現役時代、長年、阪神のチームメイトとして一緒に戦っていた藤川球児《きゅうじ》投手もこのタイプだった。クイックが苦手という面もあったのだが、盗塁で二塁に行かれたとしても、「打者を抑えればいいでしょ」と、なかば開き直って投げていた。むしろ盗塁やエンドランを気にして、自分のピッチングに影響があるくらいなら、二塁に行かせてでも打者と勝負したほうがいいとまで考えている。彼にすれば、野球というのは、走者を何人出しても、ホームにかえしさえしなければ点は入らず、負けない。ならば、塁上の走者に気を取られて打者に打たれてしまうよりは、走られても後続をピシャリと抑えれば問題はないという理屈だ。

反対に走りにくい投手は、走者をしっかり警戒してくる投手だ。そういった投手は逆にセ・リーグにわりと多い。走者をホームにかえさないという考えは、先述のパ・リーグの投手と同じだが、方法論が違う。

彼らは、塁に出した走者を絶対に次の塁には進ませないという考え方をしている。だから、盗塁だけでなく、ヒットエンドランや送りバントに対しても非常にナーバスだ。

後続の打者へもしっかりと注意を向けながら、走者を警戒する。打者との勝負に自信がないのではなく、スコアリングポジションに走者が進んでしまうリスクを十分に考えているのだろう。

ダルビッシュ有投手のほか、元東北楽天の田中将大《まさひろ》投手（現ニューヨーク・ヤンキース）、元日本ハムの大谷翔平投手（現ロサンジェルス・エンジェルス）、そして、則本昂大《のりもとたかひろ》投手（東北楽天）、2018年まで埼玉西武でプレーした菊池雄星投手（現シアトル・マリナーズ）など、ここ数年のパ・リーグの投手が150キロを超えるようなストレートで真っ向勝負するのに比べれば、パワーピッチャーが比較的少なく、スピードの緩急《かんきゅう》、コーナーワーク、配球などで勝負する投手がセ・リーグには多いからだろう。

この10年くらいのピッチャーを見渡すと、全盛期の中日の吉見一起《かずき》投手などは、セ・リーグの象徴的な投手だ。彼は最多勝利を2回、最優秀防御率を1回獲《と》っている素晴らしい投手だが、決してパワーピッチャーではない。それでも、彼が勝つ理由は、走者を十分に警戒して、進塁させないこと。しかも打者への注意も怠《おこた》ることなく、打ち取っていく技術を持っている点が挙げられる。

だが、一般的に言えば、走られることを良しとする投手はいない。走られれば、投手も研究してくる。入団当初にはこれなら走れると思った投手が30人いたと書いたが、現役引退のころには、その数は2人に減っていた。

それだけ投手の技術は年々、進化し向上している。走者にとって走りにくい投手が今後も増えるのではないだろうか。

うまい牽制と、へたな牽制

投手にとって、走者に盗塁されないために大事なことはなにか。

1つは、モーションを盗まれないようにすること、もう1つはうまい牽制球を持つこと。その2つが最大の防御策となる。

ただ、モーションをいかに小さくして盗塁を防ごうとしても、いざボールをホームに向かって投げてしまえば、あとは捕手の送球、ベースカバーの野手まかせで、なにも手出しはできない。投手としてやるべきことを完璧《かんぺき》にこなしたからといって、捕手か野手かどちらかにミスが出れば、セーフになる。

しかし、牽制球は違う。盗塁をする前に、投手が自ら走者を塁上でアウトに仕留めることができる。また、牽制球を投げることによって、走者のリードを小さくすることもできる。

牽制がうまいと言われる投手には、一般的に左投手が多い。投手は投球動作に入ると、ホームベース方向か、走者のいる塁か、どちらかの方向に足を踏み出さないといけない。ボールを投げる方向以外に足を出すと、ボークを取られる。

足をホームベースに向けて打者に投げる振りをして、走者を油断させて牽制球を投げるようなことはできない。だから、走者が一塁にいる場合、右投手だと左足を上げてしまうと、もうホームに投げるしかない。

しかし、左投手は右足を上げても、その足を一塁に踏み出すか、ホームに踏み出すか、ギリギリまで隠したまま投げることができる。牽制がうまい投手は、ホームに向かって投げるのか一塁に牽制球を投げてくるのか、最後までわからせない。

そうなると、走者は速いスタートは切れない。ホームに投げるような雰囲気だからとモーションに入ったところで早合点してスタートを切ってしまうと、投手は足をそのまま一塁に踏み出し牽制球を投げ、走者は逆を突かれてアウトになる。

さらに牽制のうまい投手だと、踏み出す足をホーム方向と一塁方向との中間に踏み出してくる。ボークを取られるギリギリあたりまで、斜めに右足を踏み出す。こうなると、審判との駆け引きも必要になる。斜めに踏み出した足をボークと取る審判もいれば、取らない審判もいる。しかし、その踏み出した場所で1度でもボークを取られると次からも取られるので、そこにはもう踏み出せない。そのあたりをスレスレまでできる投手だと、やはりスタートは切りづらい。

とはいえ、牽制球でアウトになる選手や、左投手がマウンドにいるとなかなかスタートが切れない選手は、技術がないのではなくて、準備がないのだと思う。

また、牽制球そのものは、意外なことに、左投手より右投手のほうが怖《こわ》い。左投手だと、足を上げて一塁に踏み出してから腕を振らないといけないのに対し、右投手は、一塁に向かって体をひねりながら振り向くので、そのひねる力を利用して腕を振り切れば、かなり速い牽制球を投げることができるからだ。

しかも、セットポジションに入ったときに、左投手なら相手の顔を見て、「この投手は牽制球を投げようとしているな」と気持ちを読むことができるのだが、右投手だと背中を向けているので、なにを考えているかわからない。前触れもなく突然投げてくる感じなので、走者が隙を突かれ、アウトになることもよくある。右投手でうまい牽制球を投げる人は、その隙を突くのがうまいのである。

その代表例が18年シーズン後のオフにオリックス・バファローズから阪神にFA移籍した西勇輝《ゆうき》投手だ。対談の中で西川選手も語っているが（234ページ参照）、とにかくターンのスピードが速い。さらに、間《ま》をとるのがうまい。一定のリズムでホームに投げないので、なかなかスタートを切るタイミングがつかめないのだ。今、球界ナンバーワンの「牽制のスペシャリスト」と呼んでいいだろう。

さらに、西投手はクイックモーションの技術にも長《た》けていて、こうなるともう走るチャンスはほとんどない。

牽制、クイックなども一流で、走者には手ごわい西勇輝投手。2019年からは阪神でプレー。

近年は球界全体でクイックに対する意識が上がっていて、技術がどんどん進化している。その流れからか、左投手も速いモーションで投げたがるようになった。だが、走者にとってはそのほうが走りやすいので、ありがたい。

左投手がクイックモーションを採用するなら、足をすぐにホーム方向に動かすことになるので、どちらへ投げるかわからないという利点を使えず、走者は投手の足が動く瞬間にスタートを切れる。

もし、投手の始動と同時に走者が走れるならば、リードを大きくとれる左投手のときのほうが、右投手のときよりも有利になる。実際、私も左投手のときのほうが断然走りやすかった。

一般的な考え方だと、左投手のほうが牽制しやすいイメージがあるうえに、しかもクイックモーションで投げるのなら、走者は走れないだろうと思うのだが、実はまったく反対なのだ。

私自身は牽制球で言えば、アウトになったのは、プロに入っても数える程度しかない。また、誘い出されてしまってアウトになるというのもなかった。それは事前に準備がきっちりできていたので、投手がホームベースに投げるのか、牽制球を投げてくるのか、クセなどで判断できていたからだ。

盗塁しやすかった山本昌《まさ》さん、三浦大輔さん

現役時代、私にとって走りやすい投手が2人いた。まさに84ページで触れた「これなら走れる」と現役引退時まで思っていた2人なのだが、それが、私よりも年長でありながら長く現役で投げ続けて勝ち星を重ねられた、元中日でサウスポーの山本昌《まさ》さんと、元横浜DeNA（対戦当時のチーム名は横浜）の右腕・三浦大輔さんだ。

正直に告白すれば、山本昌さんとの対戦では、私はほぼ百発百中で盗塁を成功することができた。

私が一塁に出ると、セットポジションでグラブを顔の高さに構えた山本昌さんは、グラブ越しに私を警戒する。1度チラッと私を見て、捕手を見てから、「1、2」のタイミングで右足を上げるので、そのとき走れば、確実にセーフだった。

牽制球を投げるときは、私を見る一塁への目のやり方が少し変わる。これが山本昌さんのクセだ。

それで私は、「ああ、昌さん、牽制球を投げてくるな」と察知する。左投手は、足を上げても最後の最後まで、捕手に投げるか牽制球を投げるかわからないとお話ししたが、山本昌さ

んの場合は、足を上げると牽制は絶対になかったので、私は楽々と走らせてもらったものだ。

しかし、山本昌さんほどの大投手が、自分のクセに気づかないわけがない。むしろ走らせようとしていたのだと思う。私を塁に出させてしまった時点で、山本昌さんの中では、私との勝負が終わっているのだ。もう「赤星は捨てて、次の打者と勝負だ」と、頭の中を切り替えていらっしゃったのだろう。

私が一塁に出ると、左投手の山本昌さんと目が合う。セットポジションに構える山本昌さんの目が、私には「行け」と言っているように見えて仕方なかった。「気になるから、もういい、行け。ちょろちょろするな」と、走る隙をわざと作っているように、だ。

しかし、私が簡単に走ってしまうと、山本昌さんの思うつぼだ。チームプレーとしては良くない。

あえて一塁ベース上でちょろちょろして、二塁に行こうとして行かないというフェイントをかけることがよくあった。そうして山本昌さんの神経をいらだたせ、打席の選手が有利になるように動くのだ。イライラすれば、山本昌さんの精密なコントロールにもブレが出る。打者との勝負にも影響が出て、チャンスが広がる可能性が出てくるからだ。

左投手の山本昌さんからは一塁ベース上の私の姿がよく見えている。そこで、わざとありえないほどの大きなリードをとる。

山本昌さんからすれば、早く赤星を二塁に進めて打者と勝負しようとしているのだが、目の前でそれだけ大きなリードをとられてしまうと、さすがに一塁に牽制球を投げざるをえない。

こうやって山本昌さんを挑発して、いらつかせ、心をかき乱したうえで二塁をいただくようにしていた。「赤星は性格が悪い」と思われる読者もいるかもしれないが、山本昌さんほどの好投手を気分良く投げさせてしまえば、抑えられてしまう確率が高まる。どうにかして崩《くず》そうという私なりの策ということはご理解いただきたい。

ベイスターズの三浦大輔さんも同じように盗塁がしやすい投手だった。やはり私が塁に出ると盗塁への警戒はいちおうしてくるが、「絶対に赤星を走らせないぞ」というほどのレベルではない。

これも理由は同じだ。

私のように塁上でいろいろと仕掛けてくる選手が目障《めざわ》りなのである。それよりも打者との勝負を選ぶのだ。

例えば、私が先頭打者で出塁して無死一塁という局面。そこで盗塁を警戒するあまり後続の打者への投球が疎《おろそ》かになり、打たれてしまえば、無死一、三塁というさらに悪い形を作られてしまうかもしれない。それならば、いっそ走らせて無死二塁として、後続の打者との勝負に集中しようという考えだ。

いくらいい投手でも、打者に注ぐ注意力が散漫になれば打たれる。やはりそこは、全神経を打者に集中させたいということだと思う。

このお2人に限らず、ベテランの方は打者勝負という意識が比較的高かった。メジャーリーグもどちらかと言えば、走者よりは打者との対決に集中して、打者を抑えるという意識が高い。

上原浩治《こうじ》さんとの騙《だま》し合い

一方、私が現役時代に対戦してきた中で、「この考え方はすごいな、やはりメジャーに行く人の発想は違う」と思わされたのが上原浩治《こうじ》さん（現巨人）だ。対戦回数が多いこともあって、上原さんのピッチングのときのクセや、ちょっとした足の動きとかはすべてモノマネできるくらいに頭に入っている。上原さんが牽制球を投げるときのクセをチームメイトにも教えていたくらいだ。

セットポジションで左足が内に少し入って、両手を胸のところで組み、タメを作るときに左肩が内側に入っていけば、必ずホームに投げる。上原さんには、そういうクセがあった。

ところが、少しウエストぎみにアウトコースにストレートを投げるときは、足が内側に入っても肩が内側に入っていかない。打者に勝負に行くときは全力で投げるので、力をためるために肩が入っていたが、ボールを外すときは力がそんなにいらないので、肩を内側に入れることはなかった。

いずれにしても、肩が内側に入れば、牽制球もウエストボールもない。打者との勝負だ。それであればストレートだけでなく、フォークボールを投げることもあるから、自信を持ってスタートが切れた。

ところがある日、一塁に出たときに、牽制球で上原さんに逆を突かれかけた。左足が内側に入り、肩も内側に入ったのを確認したうえでスタートを切ろうとすると、突然こちらに牽制球を投げてきたのだ。

直前に異変に気づいたので、際どいところで戻ることができたが、危うく牽制死するところだった。

なぜ気づいたかと言えば、タイミングがほんの少しだけ違ったからだ。いつもなら、肩が入って一拍くらいのタイミングで足を上げていたのが、そのときは二拍くらいまで足を上げようとしなかった。

肩が入り、一拍でスタートしようとしたが、「えっ！　いつもと違う⁉」と、私は驚いた。

そして、その瞬間に牽制球が来たので、あわてて戻った。

私は上原さんがクセを直したと思っていたが、あとで聞くと、実はクセを直したのではなく、私にクセがばれているのを知っていて、自分ではそのクセに気づいていないふりをして私を引っかけようとしたのだ。

私が何度か上原さんのクセを利用して盗塁するうちに、上原さんは「こいつ絶対に俺のクセをわかってるわ」と思っていたらしい。

普通の人間はクセを直そうとする。しかしクセというのは、20年野球をやっていれば20年分、それが体に染《し》みついているわけで、わかったところですぐに直せるほど簡単ではない。むしろ実際に困ったとき、あわてたときほど出るのがクセなのだ。

だから、上原さんのようなクレバーな投手はそのクセを逆利用してくる。相手がそれをクセだと思っているのなら、その動きを使って引っかけてしまえ、というわけだ。さすが、プロ1年目から20勝をあげられた投手だけのことはある。

クセを直すことでかえって投球フォームを崩してしまったり、調子をおかしくしたりするくらいなら、ずっと付き合ってきているいつものクセを使って投げたほうが安心なのだ。上原さんのその発想がプロだと思った。

もともと上原さんは、クイックモーションを使いたがらないタイプの投手だった。走者に気を取られて投球が疎かになるよりは、打者と勝負してきっちり抑えればいいという考え方だ。走者が塁上にいようがお構いなしに、セットポジションから足をピッと上げて投げていた。

ところが06年のシーズン、私に対してクイックモーションで投げてきた。しかし私と数個の差で盗塁王を競《きそ》っている東京ヤクルトスワローズ・青木宣親《のりちか》選手や中日・荒木雅博《まさひろ》選手（現中日二軍内野守備・走塁コーチ）との対戦を見ていると、なんとクイックモーションではなく、普通のセットポジションから投げているではないか。

次の対戦で上原さんに会ったときに、私は文句を言った。

「青木とか荒木に投げるときはクイックじゃないのに、なぜ私のときだけクイックなんですか？」

上原さんはこう答えた。

「お前に走らせたら、阪神に勝てなくなるから。青木と荒木に走られても、ヤクルトや中日の打線は抑えられるけど、お前に動かれると阪神の打線は止められなくなる。お前さえ封じておけば、打線はつながらないからね」

腹は立ったが、一方で上原さんにそれだけ認めてもらえているという意味では、うれしい答えだった。

自身のクセを逆手《さかて》に使う上原浩治さん。牽制の技術も球界屈指で、写真は刺した場面。

リードは大きくとるだけが能ではない

フィールドの広さはそれぞれの野球場によって違う。しかし、塁間は、27・431メートルと決まっている。盗塁を試みる側にすれば、この距離を1メートルでも縮めておきたい。そのためには、いかにリードを大きくとるかが大事になってくる。

走者として一塁に出たとき、相手投手が誰であっても、自分はここまでは絶対大丈夫だというリード、すなわちセーフティリードというものがある。

これにはもちろん個人差があって、足の速い遅い、俊敏か俊敏でないかによって変わってくる。

その安全にベースに戻ることができるポイントを基準にして、投手が右投げか、左投げか、牽制はうまいのかそうでないのかによって、そこより大きくリードをとるか、小さくとるか、リードの幅を決めることになる。

走者としては、やはりリードを少しでも大きくとったほうが、盗塁にも走塁にも有利だから、一歩でも遠くまでとりたいのだが、実はここに落とし穴がある。

リードを大きくとってベースから離れていけばいくほど、今度はベースに戻る意識が強くなってくるのだ。

つまり、「半歩でも、一歩でも多く」と欲張ってリードを大きくとっていくと、走者の心には、逆に「牽制球が来れば、アウトになるんじゃないか？」という不安が湧《わ》いてくる。すると、「進塁する次の塁に対して」ではなく、「元の塁に戻ること」に意識がいってしまうのだ。

先へ進むことではなく、戻るほうに気持ちが傾いていく。そうなると、体の重心も進行方向ではなく、どうしても元の塁のほうに乗ってしまう。これでは、なんのためにリードを大きくしているのかわからなくなってしまう。

だからリードは、「ここならどんな牽制球が来ても絶対に大丈夫」という自信があり、しかも最大限に塁から離れているポイントで止めておくのがいい。そうすれば、帰塁に神経を使うことなく、盗塁に向けて全神経を使うことができる。

私自身の経験からも、元の塁に戻る意識を持っているあいだは走りづらかった。帰塁する意識がなくなってからは、頭の中は次の塁に向かって走ることだけ集中すれば良く、心理的に盗塁がしやすくなった。

このように、走者は「どうやればすぐに戻れるか」を考えるのではなく、「どうやれば次の塁を盗めるか」に気持ちを注がなければいけない。

次に大事なことは、相手投手によって、リードの幅を臨機応変に変えることだ。

私の普段のリードは、人工芝の球場の場合、土の部分から一歩か半歩だけ芝生に踏み込んだところだった。

そこから、相手投手によって、一歩か半歩大きくしたり小さくしたりとアレンジを加えていた。例えば、牽制のときにターンがとても速い投手がマウンドにいれば、アウトにされる可能性が高くなるので半歩縮める。

山本昌さんのときであれば、いつものリードより、二歩ぐらい、よけいに出ていた。前述したように左投手で、しかも牽制球のときのクセはわかっているし、速い牽制もこない。あえてイライラさせるため相当大きなリードをとって、挑発していた。

私は甲子園球場をホームグラウンドとして、現役時代をすごした。今では少数になってしまったが、内野が人工芝でなく、土になっている。

土と人工芝では、走りやすさが全然違う。

人工芝のほうが圧倒的に走りやすく、一歩でも大きくリードをとれた場合、アウトになる危険性はかなり低くなる。

土のグラウンドは、天候次第でコンディションが大きく変わってくる。雨が降った次の日などは、いくら水はけが良いと言われる甲子園でも、土が湿《しめ》っていて足元が柔らかく、人工芝のグラウンドに比べて走りにくいこと、このうえない。

しかし、ホームグラウンドだから、年間の約半分、70試合程度を土の甲子園でやる中で、盗塁王を獲《と》ろうと思うとき、もしくはチームのために走らなければいけないときに、盗塁の成功率を上げるためには、なにか手だてを施《ほどこ》さなければいけない。

そうなると、やはりどうリードをとるかが、とても重要になってくる。

セーフになるために、秘策を弄《ろう》してでも戻る心配をすることなく、一歩でも次の塁に近づくことのできる最大限のリードをとっていたのだ。

目の錯覚を利用した究極のリード

内野が土のグラウンドである甲子園球場を主戦場として勝負してきた私にとって、リードが大切なことは前項で述べた。リードを大きくとるための様々な作戦を考えた。

心理作戦としては、こんな方法も使ってみた。

ある投手と対戦して、ヒットや四球で一塁に出塁したとする。そのときに、いつもよりもまず一歩ほど大きくリードをとってみるのだ。そして、投手がセットポジションに入ると、一歩か半歩だけリードを少し縮めてみる。

人間の心理とは面白いもので、投手は、最後に走者が少しベースのほうに戻ると、自分の牽制が功を奏してリードが小さくなったと勘違いするのだ。相手はいつもよりリードが小さくなったと思い込んでいる。しかし、最初にとったリードが大きいので、少し戻っても、実際はいつもよりリードは大きくなっているのだ。

いつもより大きいリードなのに、投手はもうこれで安心と、牽制球を投げてこない。これでスタートが切りやすくなる。

またどうしてもここは走りたい、走らなければというときに、究極のリードを編《あ》み出した。これは私の企業秘密的なリードのとり方なのだが、もう引退して走ることもないので公表したい。

ただしこの方法は、あくまでも内野が土のグラウンドだった甲子園球場だったからこそ通用したものだった。

どういう方法だったかというと、目の錯覚を利用するのだ。ある試合で出塁したときに、遠近法を使って相手投手の目を欺《あざむ》いたことがある。

走者は、基本的に一塁と二塁を結ぶ直線の上に沿ってリードをする。セットポジションに入った投手は一塁手と走者の距離を見て、走者がどのくらいリードをとっているかを計算する。それを逆手にとるのだ。

一塁に出る。投手は私の盗塁を警戒してセットポジションで構える。私はいつものように塁を離れ、リードをしていく。一歩ずつ慎重にリードして、投手の牽制球に神経を尖《とが》らせながら、少しでも二塁に近づこうと一塁ベースから離れていく。しかし、あまり離れると牽制アウトになる可能性もあるし、スタートを切れない。

そのときに、まずは斜め後ろ方向にリードして、遠くに見せておく。そこから横にリードをせずに徐々に斜め前に出てくる、すると二塁に近づいていっているとはいえ、投手からは一塁手と走者の距離が変わっていないように見えていて、リードをとっているようには感じない。

投手は、走者がリードしているかどうかを見るのに足元までは見ない。野手と走者の距離でどのくらいリードしているかを測っているので、私が足を前に進めているのか横に進めているのかまではわからない。

投手には、近寄っていくのだが、実はリードの大きさは半歩ずつ広くなっている。投手が錯覚に陥《おちい》っているのを利用して、リードを少しずつ広げていくのだ。

私の盗塁を警戒して、投手がまず牽制球を一球投げてくる。そしてそのあとにこのリードをとると、投手は「牽制前とあまりリードが変わっていないので（そう見える）、盗塁はしてこないだろう」と判断する。

現役時代、チームメイトの投手にこのリードを見てもらったことがある。誰もが口を揃《そろ》えて、「わからない。リードの大きさは変わらないでしょう」と言う。

実は一歩だけリードが大きいと告げると、「嘘《うそ》だろう?」とみんな驚いた。

一歩どころか、へたすれば一歩半ぐらい大きいと言うと、「信じられない。こっちに向かって近づいてくるから、すごく近く見えていて、そんなにリードをとっているようには思えない」との反応だった。

この答えを聞いて、実戦でも絶対に大丈夫だと確信した。

ただし、これが人工芝のグラウンドであれば、不可能だった。なぜなら、人工芝だとベースのまわりだけが土で、何歩かリードすると足が人工芝にかかる。私は基本的にリードが大きいので、人工芝のグラウンドであれば右足を人工芝まで踏み入れて、左足を土の部分のいちばん際《きわ》に置いていた。

もし、そこでこの方法を使えば、両足とも人工芝に乗っているのがはっきりとわかり、一歩以上もリードが大きいのが投手には簡単にばれてしまうからだ。

土のグラウンドの甲子園で使っても、観察力のある一塁手だとこのトリックに気づくので、ここぞという場面での一発勝負でしか使えない。

闇雲《やみくも》に一歩出るのではなく、どのように一歩を出せばいいのかを考えた末に発見した、とっておきのリードのとり方だった。

試合の中でどう軌道修正するか

第1章で触れたが、私は「盗塁をするのにいちばん必要なのは、スタートを切る勇気だ」と考えている。

繰り返しになるが、勇気を作り出すには、事前に十分に準備をして、どれだけの情報を持っているかが大事になる。

データがあって、自分の中でそれを確認して、そのうえで「よし、これだけ準備しているから行けるぞ」というものをたくさん持っている選手こそが、一塁のベース上で勇気を持ってスタートを切れる。

牽制でアウトになる選手や、なかなかスタートが切れない選手というのは、技術がないのではなくて、準備をしていないと言っていい。むしろ情報の蓄積や、準備さえあれば、足がそこそこの選手ならば、盗塁はできる。

例えば、12年に54個の盗塁を決めて盗塁王に輝いた実績を持つ元東北楽天の聖澤諒選手は、リードが非常に大きかった。

それは、すなわち、リードを大きくとるためにしっかりと準備をしていることを意味する。彼の足が驚くほど速いかと言えば、そんなには速くはない。

しかし、彼はスタートが良い。それも、事前の準備から生まれているのだ。自分の頭の中にいろいろなデータをしっかり入れて一塁走者に出ているからこそ、迷いなくスタートが切れていた。

それに加えて、試合当日では、情報の軌道修正が必要になってくる。いざゲームとなれば、事前に集めたデータ以外にもいろいろな要素が出てくる。

投手は基本的に打者との勝負を望んでいる。だから調子のいいときであれば、投手は打者と真っ向勝負をしながら、走者を気にする余裕もある。

しかし、調子が悪く、ストライクを取るのでさえ四苦八苦しているような状態では、とてもではないが、走者にまで気が回らない。

例えば、その試合では制球に苦しみストレートが定まらず、スライダーしか制御できていない状況の投手がいるとする。

そうなれば、その投手は必ずスライダーでストライクを取りにくる。そのタイミングを狙《ねら》って盗塁を試みれば、セーフになる確率はかなり高くなってくる。

また、ストレートの球威がその日はいつもより5キロぐらい遅いとしよう。通常なら150キロぐらい出るのが、調子が良くなく、145キロほどしか出ていない。それだけでも投手にすれば、全然違う状況となる。

バッテリーとしては、150キロのストレートが7割、変化球が3割といういつものコンビネーションを、ストレートが走っていないので、ストレートを5割、変化球を5割というふうに、ピッチングの組み立てを根本的に変えなければいけなくなる。

仮に、普段より変化球の比率が高まり、しかも、ストレートの球威もイマイチ。単純に見積もっても、走者にとって盗塁のチャンスは2倍近くに増えると考えられる。

逆に、データではストレートをあまり投げてこない投手なのに、その日に限ってストレートが切れて、ストレート主体のピッチングになっている場合もあるだろう。

そうなればなかなか走れないので、機会は少なくなるが変化球でかわしてくるときか、あえてストレートのときでも狙うしかないと、走る側の方針転換が求められる。

また、投手を観察していれば、データ以外のいろいろな部分が見えてくる。

例えばピッチングを見ていると、どうやら体が重そうだ。いつもの投球動作に比べてどこかが違う。いつもならそのまま投げるのに、なぜか右足にタメが入り、ワンクッションおいて投げているように見えることがあったとしよう。

そこで「今日は、状態が良くないから、軸足の右足に1回体重を乗せてから投げようとしているな」ということがわかれば、そのワンクッションを入れてくるタイミングを狙うと、スタートを切りやすいと判断できる。

このように、ゲーム当日というのは、基本データ以外の現象がたくさん出てくる。

また、捕手が替わるだけで、同じ投手でも配球がまったく変わってくる。その捕手なりの考え方があるので、そういうことも事前にデータとして入れておかなければいけない。

その日の投手のデータに追加の情報が多ければ多いほど、走者にとっては有利になる。それをどれだけじょうずに取り入れられるかが、勝負の分かれ目になる。

第4章

捕手との究極の心理戦

～配球・肩との戦いのカギ～

ストレートとフォークで構えが違う

前章ではおもに投手のことに触れてきたが、ここでは捕手との心理的な駆け引きについて解説していきたい。

盗塁をしていくうえで、準備することの重要性を繰り返し述べてきた。その中で投手と同様に捕手にもクセがあって、それを見抜くことも、盗塁にとって重要なポイントになってくる。一塁ベース上に立っていると、打者の後ろで構える捕手の動きがはっきりとわかる。その動きを観察していれば、捕手のクセが見えてくる。

捕手のクセにも、大きく分けて捕球のときのクセと配球のクセの2つがある。では、具体的に捕手にはどんなクセがあるのか。

まずは、捕球時のクセについて。その中の最たるものが球種によって構えが変わるパターンだ。ストレートを投手に投げさせるときの構えと、変化球を要求するときの構えが、明らかに違っているのだ。

具体的に言えば、「よっしゃ、来いよ!」と、どっしりとミットを構えたときはストレートで、とりあえずこのあたりに投げてこいと、軽い感じで構えたときは変化球というものだ。

プロ野球の捕手といえども、150キロを超えるストレートを受ける場合、それなりの心構えが必要で、簡単にシングルハンドでキャッチするのは難しい。心理的な負担が構えにあらわれてしまうのだ。

逆に、変化球のときにミットをどっしり構えていると、今度はボールの変化に対応できず、後逸《こういつ》してしまう危険が高まる。だから、ふわっと柔軟な感じで構えてしまう。

このように、本人の知らぬところで無意識に構えに違いがあらわれてくる。

本人も気づいていないのだろうが、フォークボールのサインを出したときは、低めに投げてこいという意識で、そういったジェスチャーをしてから構えるという単純な捕手もいた。フォークのサインを出したことで捕手本人も気合いが入って、「よし、低めに来い！」という気持ちになってしまうのだろう。

また、投手の調子が悪く、落ちる系の変化球を投げると低くなりすぎて、ワンバウンドばかり投げてしまう場合がある。そんなときに、変化球のサインを出したあと、少し前に出て構える捕手がいる。

ワンバウンドしたボールをそらさないように、という気持ちが、思わず体を前に出して構えてしまうのだろう。

走者にすれば、次は変化球、それも落ちる系の変化球とわかるから簡単にいいスタートを切ることができる。

このように捕手が球種によって構えを変えることで、自ら次のボールを走者に教えているようなものだ。


そしてもう1つ、配球のクセについても触れていきたい。

足の速い走者が出ると、配球をガラッと変えてくる捕手がいる。それまで変化球主体のピッチングだったのが、走られることを警戒してストレート主体に変えてくるのだ。

これなどは走者よりも、打者にとってプラス要因だ。ストレートが多くなると、走者としては走りにくくなるが、打者は狙《ねら》い球をストレート一本に絞《しぼ》れば良いので、結果的にチームの勝利に結びつく。それに全投球がストレートというわけではないので、走者のほうも、ストレートのあいだに挟《はさ》んでくる変化球を狙って盗塁を仕掛ければ問題はない。2018年で言えば、埼玉西武の打線がまさにこの攻め方を実行していた。足の速い走者が、打線にもたらすメリットの最たるものと言える。


また捕手が二塁に送球するには、外角のほうが、打者が邪魔にならず都合がいい。つまり、走者を警戒すればするほど、おのずと外角へのボールが多くなってしまうのだ。

これも、外角ばかり続けるわけにもいかないので、たまには内角にも投げる。そのパターンを知っておけば、次は内角を投げてくるとわかったところで、自信を持って走ることができる。

これらの配球が走者のいるときといないときで、微妙に変わってくるのが、その捕手のクセだと言える。

経験が浅い捕手の配球パターン

走者にとって盗塁とは、投手との戦いでもあるが、それ以上に捕手との戦いである。

前にもお話ししたが、投手はクイックモーションであれ、ボールをホームに向かって投げたが最後、なにも手を下すことができなくなる。

そこへいくと捕手は盗塁阻止率で評価されるように、走者を刺すことが使命となる。投手よりは積極的に盗塁を阻《はば》もうとする。

実は、それが落とし穴となる。

若い捕手と対戦していると、「このキャッチャー、わかりやすいなあ」と思うときがある。

とくに、強肩をウリにしている捕手だと、盗塁する走者を刺したいという気持ちが常に頭をかけめぐっているのが、塁上にいてひしひしと感じられる。前項で述べたクセどころか、もっと単純に配球がワンパターンになってくるのだ。

走者をどうにかして二塁でアウトにしたいという、強気の性格が出るタイプの捕手に限って隙《すき》が多く、走りやすい。走ろうと思ったときに、相手の対応がわかりやすく、ボロが出やすいからだ。

私が走者に出たとしよう。「赤星、二塁で刺したるぞ。いいとこ見せたるぞ」という気合いが前面に出てくる。

それはいいのだが、その気持ちが勝ちすぎて、配球がゲーム全体のことを考えないものになり、明らかに走者である私をアウトにしやすいコースや球種ばかりを投げさせるようになる。

簡単に言えば、アウトコースのストレート主体の配球をしてくる。対走者を考えすぎるあまり、打者への対策が疎《おろそ》かになるのだ。

だから、低めに落ちるボールを決め球にしている投手だったとしても、それを要求しない。その手の捕手の頭の中は、走者を刺すことでいっぱいだからだ。

とにかく盗塁数を増やしたい選手であれば、こういったキャラクターの捕手を面倒くさいと思うだろうが、私の場合は、盗塁の数そのものにこだわったわけではなかったので、むしろ願ったり叶《かな》ったりだった。

当時、阪神で私の後ろを打っていた関本賢太郎選手や金本知憲《ともあき》さん（元阪神監督）にとって、球種を絞りやすいというメリットをもたらすからだ。

個人的な盗塁数はあまり増えないかもしれないが、チームの攻撃陣にとっては、ものすごく有利になる。

捕手の構えにしても、同じことが言える。

走者を警戒するあまり、投手の投げたボールを0・1秒でも早く捕ろうと、自分が要求したコースに動き出す。投手がモーションに入って動き出してからなら走者も対応できないが、ほんの少し早い。簡単になにを考えているかがわかる。

この動きを何度か見ていれば、その次からは捕手の動きで投手の投げるコースや球種を読めてしまう。

捕手が投手の動く前にアウトコースへ寄り始めれば、明らかにウエストボールで外してくる意志が走者に察知される。

外してくるとわかっていて走る走者はいない。逆に捕手が、投手がモーションに入る前にインコースに動いてしまえば、これは走者にとってチャンスだ。それを見た瞬間に走者は二塁に向かってスタートを切れる。

経験の浅い捕手というのは、ウエストしてくる場合はわかりやすく外へ動き、インコースを要求したときは内側に寄るのが早い。

しかし、ベテラン捕手になると、ほんの少しでも早く動いてしまうと走者がそれを見てスタートを切ることができるとわかっているので、投手が投げる直前まで動かない。自分の動きで相手にアドバンテージを与えることはしないのだ。

また、打者と走者をフラットに見ているので、配球も考えて打者と勝負しながら、塁上にいる走者にも目を光らせて警戒を怠《おこた》らない。このあたりはやはり経験の差が出てしまう部分なのだろう。

対戦した中で最も手ごわかった谷繁元信《たにしげもとのぶ》さんのすごさ

盗塁阻止を考えた場合、投手と捕手、どちらの役割が大事かといったら、私の感触では、少しだけ捕手の比率が高いように思う。投手が動かないことにはなにもスタートしないのだが、投手の欠けている部分を最後に補うのは捕手だからだ。

その観点から、私が現役時代に対戦したキャッチャーの中で、ナンバーワンは谷繁元信《たにしげもとのぶ》さん（元横浜・中日、元中日監督）だと思っている。個人の野球技術が高いのはもちろんだが、それ以上に投手への影響力が絶大だった。もし谷繁さんが中日に来ていなければ、中日の黄金期の守備力が確立できていたかどうかわからないほどだ。

中日の投手が、自分なりにコンディションをきちんと調整してきているなら、谷繁さんは「あとは俺に任せておけ」という状況を作っていた。「打たれても、お前のせいじゃないからな」という太鼓判を押してもらえば、投手も安心してマウンドに立てる。また、「赤星が出て走れば、俺がなんとかするから」と請け負って、投手が、打者に集中できる環境を作り上げていた。

投手にすれば、塁上に足の速い走者が出てしまうと、次の打者との対戦を重視するか、走者の足を封じ込めるかで葛藤《かっとう》が生じる。普通ならば打者8割、走者2割ぐらいの配分でそれぞれに神経を使うのだが、谷繁さんは両方に同じだけ神経を使い、どちらも疎かにならない。

投手に走者との駆け引きを捨てさせて、打者に専念させる場合は、谷繁さんが走者への駆け引きを1人で引き受けてしまうすごさもある。打者勝負の中に、走者も意識してできる捕手というのは本当にすごい。

ある日の試合で、こういうことがあった。私は、一塁に出ると、たいてい次の打者のバッティングのことも考えて1球目か2球目で走ることが多かった。セオリーなら1球目は、盗塁を警戒してほぼ100％ストレートで来るはずなので、そのとき、走らなかった。

だが、谷繁さんは初球にその投手のいちばん緩《ゆる》いカーブを投げさせた。谷繁さんにとってもそのボールは賭けで、もし、そこで私がスタートを切っていれば、悠々《ゆうゆう》セーフだった。データでは、そのボールは今まで1度も初球に来たことがないものだ。

すると、次のボールがなにか、走者の私も打者も悩んでしまう。本来ならば狙い球になるはずの変化球を見逃してしまうと、次はストレートかなと思うので、私も走れない。すると、また次も変化球。ストレートを想像していた私は走っていない。

2球続けて変化球が来ると、走者である私だけでなく打者も迷い出して、次にどんなボールが来るのか予測がつかなくなる。

私も、次こそはストレートで外してくるだろう、と思い始めると、なかなかスタートが切れなくなってしまう。完全に谷繁さんの思うつぼだ。

今日は絶対、赤星を走らせてはいけないというような大事な試合で、谷繁さんはこういった大胆な配球をしてくる。一流のプロであることを感じざるをえない。

私がプロ入りした2001年は、谷繁さんは横浜でプレーしていたが、この年の盗塁阻止率が驚異の5割4分3厘。翌02年には中日に移籍し、同年には阻止率4割8分3厘をマークした（通算では、3割6分8厘）。ただ、谷繁さんのすごさは阻止率の高さだけでなく、

著者と何度も対決した谷繁元信さん。盗塁阻止だけでなく、投手陣の統率力も抜群だった。

それ以前に、走者を二塁に向かって走らせないようにする能力が優れていること。マスクをかぶって試合に出ているだけで、盗塁抑止力になっていたのだ。

また、谷繁さんの場合、こういった配球だけでなく、あの強力な中日の投手陣をもう1つ上のレベルに引き上げたリーダーシップも見逃せない。中日の投手は、みんなきっちりとクイックモーションをやっていた。牽制球もしっかりと投げていたし、走者を次の塁に行かせないという意識が徹底していた。谷繁さん1人で、チームの投手陣の意識を改革させていたのだ。

ここまで再三述べているように、盗塁を阻止するには投手だけの力でも、捕手だけの力でもできない。バッテリーが息を合わせてこそ、走者の進塁をさまたげることができる。

捕手がどれだけ素早く強い肩で、速い送球をしても、投手が大きいモーションで投げていれば、盗塁を刺すことはできない。

投手による牽制球で走者を塁に釘《くぎ》づけにし、しかもクイックモーションで素早い投球をしてはじめて、捕手の迅速《じんそく》な送球動作や送球が生きてくる。

投手陣に対して、走者に対する意識づけを、どれだけきっちりやっているかが、捕手として大事なことだ。投手王国と言われたあの頃の中日。守りの「扇の要《かなめ》」としての谷繁さんの存在が光っていた。

強肩よりも送球の正確さ

ドラフト会議で捕手が指名されるたびに、「遠投120メートルの強肩」などと紹介され、どれだけ肩が強いかが実力の目安の1つとして評価されることがある。

しかし、私自身は正直なところ、強肩というのは盗塁との兼ね合いで言うと、あまり関係ないと思っている。別に外野手ではないので、120メートルも遠投する必要はない。

捕手に必要なのは、二塁まで低い弾道で真っ直《ますぐ》ぐ投げることだ。

もちろん、肩が弱いよりは、強いほうがいいのだが、それよりも盗塁を阻止するのに大事なことは、投手の投球を捕球してからの素早さだ。

遠投する場合は、大きいフォームで外野手のように腕を目いっぱいに振って投げている。しかし捕手の二塁への送球はコンマ1秒を争うもので、大きく腕を振っていては走者を刺すことはできない。投手の投球をミットで受け、すぐさま右手に持ち替え、小さなフォームで二塁へ矢のような送球をする。

キャッチして二塁ベースに届くまでに許される時間は、たったの2秒。投球動作を素早くして、低い球を二塁ベースの上にストライクで投げなければいけない。

第1章で述べたように、投手から捕手を経て二塁に到達する時間は3・2秒しかない。また走者が一塁ベースからリードをとり、二塁ベースに向かって走る、その時間もほぼ3・2秒になる。

盗塁を阻止するには、送球にかかる時間を3・2秒からどれだけ縮めることができるか、もしくは走者が一、二塁間を走る時間をどれだけ遅らせられるかにかかっている。

この2つの要素で、走者との勝負が決まる。そこにいわゆる肩の強さが介在する要素は、案外少ないのだ。

それよりも、送球の正確さのほうが大事だ。ベースカバーに入った野手が構えるグラブに真《ま》っ直《す》ぐ送球できるかどうか。

実名を挙げて恐縮だが、巨人の阿部慎之助捕手は強肩キャッチャーとして鳴り物入りでプロ入りした。01年の入団1年目当時は、確かに肩はずば抜けて強かったが、キャッチングが悪く、投球を捕ってから投げるまでに時間がかかっていた。私が走っても阿部捕手にはアウトにされることがほとんどなかった。

肩が強くても盗塁を刺せない典型的な捕手だった。ただ、これは阿部捕手だけのせいではない。

阿部捕手の強肩でも走者を刺せない1つの理由として、彼自身の送球動作が遅いというだけでなく、当時のジャイアンツの投手陣にクイックモーションができる投手が少なかったという点が挙げられる。ジャイアンツの首脳陣にも投手陣にも、盗塁を積極的に阻止しなければダメだという意識は薄かったのだろう。

ところが、11年に統一球が導入され、投高打低の流れが来る中で、得点を与えない野球という考え方が広まってくると、主将や選手会長も経験している阿部捕手の中で自覚が芽生えてくる。

盗塁を阻止して試合に勝つという意識も一段と高くなり、自分自身の二塁への送球技術も上がってくる。

また、ベテランになるにしたがい、後輩の投手陣に対して、クイックモーションのレベルを上げるように指示していたのも、おそらく阿部捕手だろうと思う。

投球を捕ってから二塁に投げるスピードも日に日に増してきて、投手のクイックモーションもレベルアップしてくれれば、走られる要素がどんどん減っていく。相手チームにすれば、「ちょっと走りづらいな」という苦手意識が出てくる。

こういった時期を経て、阿部捕手は日本で絶対的なキャッチャーになっていったと言えるだろう。

その後、守備の負担を減らしてバッティングに集中するために、一塁にコンバートされ

2019年開幕時には40歳の阿部慎之助捕手。走者への対応も含め、捕手再挑戦に注目。

た。それが、19年シーズンから自らの意志で再びキャッチャーに再挑戦するという。正直、全盛期のような肩はなく、高い盗塁阻止率は期待できないだろう。

それでも、ベテランであり、大黒柱だからこそ、阿部捕手がチーム全体に伝えられることがあるはずだ。髙田萌生《ほうせい》投手や大江竜聖《りゅうせい》投手ら、生きのいい若手投手陣にぜひクイックモーションの重要性を伝えてほしい。

盗塁阻止率ではなく、盗塁企図《きと》阻止率

記録に残る数字がある。ところが、その数字を額面どおりに受け取ってもいいのだろうかと疑問に思うことがときどきある。

例えばホームランの数字であれば、絶対的なもので、そこに疑問を挟む余地はない。ところが、エラーを考えてみたい。エラーをしない選手が名手であるのは間違いないが、記録としての失策ゼロは、はたして守備の名手なのだろうか。

記録の矛盾でもあるのだが、名手と言われる選手に意外と失策が多いことがある。これはよく言われることで、並の選手なら届かない打球にまで追いついてしまって、それが捕れずに失策が記録される。うまさゆえに記録される失策だ。

逆の意味で言えば、あまり守備がうまくなく、打球に追いつくことを早めにあきらめている選手には、皮肉なことに失策がつかなかったりする。

盗塁に関しても、捕手には「盗塁阻止率」という記録がある。アウトにした盗塁数を試みられた盗塁数で割ったものだ。走者が走ったうちで、アウトにできた割合だが、この数字で捕手が評価されることがある。

しかし、盗塁阻止というものは、何度も解説してきたように、捕手だけでまっとうできるものではない。投手の牽制やクイックが甘かったりすることもある。また、走られたときに、必ずしも二塁に投げやすい球が捕手に来るとも限らないし、ボールを受けてタッチする二遊間の選手が目立たないミスを犯し、セーフになってしまう場合もある。しかし、最終的には捕手が盗塁阻止率という数字で責任をとる。捕手からしたら、無警戒な投手や手際の悪い内野手に対して、走られ度合いを示す被盗塁率を作ってほしいだろうと思う。

実はここが重要なのだが、盗塁阻止率とは走者が走ったときにカウントされるが、走者を元の塁に釘づけにした努力に対してはなんの数字も出てこないのだ。

前々項で述べたが、私は盗塁を狙っていたにもかかわらず、谷繁さんの抜群のインサイドワークで走る機会を失って一塁ベースから動けないときがあった。あのケースだけでなく、捕手が谷繁さんのときに、私が10回走者で出たからといって10回とも盗塁を試みるかと言えば、そうではない。

盗塁しようという気持ちで塁上にいるのだが、投手にクイックモーションで投げさせ、谷繁さん独特の配球で来られると、簡単に走れるものではない。

逆に、強肩と言われていても、捕ってから投げるのが遅い捕手のときであれば、一塁ベースに10回立てば、10回とも走るし、走れる。そのうち2回アウトになったとしよう。その場合、捕手の盗塁阻止率は2割だ。これが谷繁さんが捕手だと、10回出塁して、そのうちの5回しか走らせてもらうことができずにいたとしても、その5回とも全部成功させれば、谷繁さんの盗塁阻止率は0割になる。しかし実際のところは、私は10回も盗塁するチャンスがあったのに、5回しかチャレンジできなかった。走れなかったのだ。

これは、なにを意味するのだろうか。実質で言うと、前出の捕手は2回しか私の盗塁を阻止できなかったのに、谷繁さんは5回も私の盗塁を阻止していることになるのだ。それなのに盗塁阻止率でみると、谷繁さんは0割、前者は2割として残る。

逆の面から見れば、谷繁さんは私に盗塁を5回しか許していないが、もう一方の捕手は8回も許している。どちらが優秀かは一目瞭然《いちもくりょうぜん》だろう。まさに数字のトリックで、実際には阻止率の低い谷繁さんのほうが走らせていないのだ。

この場合の、走者を走らせなくする、「盗塁企図《きと》阻止率」とでも言うべきもので、盗塁をあきらめさせている捕手のうまさをなにかで評価しないといけないのだが、あいにくとこれを数値化する手だてが現在のところない。

記録では盗塁阻止率という数字のみが評価されているが、本当に評価されるべきは、実は、このような事例なのである。

1年間で、50イニング組んだバッテリーが2組あって、片方はその50イニングのあいだに300回走られたが、もう一方は1回しか走られなかったとすると、盗塁の阻止率がお互いに0％でも、1回しか走らせなかったバッテリーのほうが断然、優秀だと思う。

年間で1回しか走者に走られなかったバッテリーと、何回も走られているバッテリーでは、走者にとって盗塁の困難さは雲泥《うんでい》の差がある。

何回、走った走者を二塁上で刺したかという盗塁阻止率ではなく、何回、一塁上にいる走者を走らせなかったかという「盗塁企図阻止率」をきちんと評価したい。それが、捕手の真の偉大さだと私は思っている。

第5章

相手チームを凌駕《りょうが》する秘策

～内野陣への対処法ほか～

うまい一塁手のタッチプレー

ここまで、盗塁を成功させるために、投手との駆け引き、そして捕手との駆け引きがいかに重要かについて説明してきた。

しかし一般の人に意外と知られていないのが、内野手との駆け引きではないだろうか。一塁手の場合だと、おもに牽制球《けんせいきゅう》の際の駆け引きがあり、二塁手と遊撃手の場合、二塁ベース上での駆け引きがある。

とくに一塁手に関して言えば、ほとんどの人が重要だと思っていない節《ふし》がある。一塁手と言えば、大砲として獲得してきた外国人選手や、太って、あまり動けない、走れない、どちらかと言えば守備のうまくない選手が守っているというイメージがあるからだ。

しかし、それは大きな誤解で、本当はとても重要なポジションだ。なによりもほかの内野手より圧倒的に守備機会が多い。自ら守る一塁ゴロや一塁フライだけでなく、ほかの野手が捕った内野ゴロのほとんどが一塁に送球される。

一塁手がうまいと、ほかの内野手の守備を助けるので、内野が締まってきて、チームとしても守りが強くなり、あまり得点されなくなる。

私が阪神にいたころ、ジョージ・アリアス選手が一塁を守っていたが、彼の守備はとてもうまかった。もともと三塁を守っていたこともあって、体の動きも良く、当たりの強い一塁ゴロでもうまくさばいたし、ワンバウンドした送球やショートバウンドもすべてきれいにすくい上げてくれた。

アリアス選手がどんなボールでも捕ってくれるので、内野手も安心して送球できる。投げるほうに安心感があれば、変な力が入らずにボールを投げられるので、送球がそれることもなくなるという効果を生んだ。

逆に、捕球がうまくない一塁手の場合、二塁手、三塁手、遊撃手は、いいところに投げなければエラーになるという緊張感が変なプレッシャーを生み、悪送球になったりする。記録的には、悪送球をした二塁手なり三塁手なりのせいなのだが、原因は一塁手のプレーがうまくない不安から起きたものだったりするのだ。

以前、中日の荒木雅博選手が送球難になったことがあるが、それは当時の一塁手のトニ・ブランコ選手（のちに、横浜DeNA、オリックスにも在籍）のボールを受けられるエリアが狭く、丁寧《ていねい》に投げようとするあまり、変なプレッシャーがかかったからだと思う。

実は、それほど一塁手の果たす役割は大きいのだ。

そして盗塁に関して言えば、牽制球をうまくさばけるか、さばけないか、それが一塁手の、うまいかへたかを判断する大きな基準になる。

走者から見た場合、巨人にいた李承燁《イ・スンヨプ》選手（日本では、千葉ロッテ、オリックスにも在籍）の牽制球のときのタッチの仕方が抜群にうまかった。

厳密に言えば、タッチではなく、空《から》タッチだった。

私が一塁走者に出ていたときのことだ。投手からの速い牽制球が飛んできた。李承燁選手は私をアウトにしようと、タッチをしてくる。

ところがだ。李承燁選手は私の体にタッチをしようとせずに、一塁ベースに強くタッチをしたのだ。

そして、グラブを宙に突き出して、あたかも「タッチはすでにもう終わっている」とばかりにアピールする。

すると、審判の目には、ヘッドスライディングに戻る私の手が一塁ベースに触れるよりも、李承燁選手のほうが先に私にタッチしているように見えて、アウトを宣告されてしまったのだ。

この李承燁選手の空タッチで私がアウトになり、塁上の走者を失い、ゲームの流れがまったく変わってしまったことがあった。セーフのところをアウトにされたのであるから、「や

打の印象が強い李承燁《イ・スンヨプ》選手は、独特のタッチで一塁走者を殺す守備の名手でもあった。

られた！」と脱帽せざるをえなかった。

李承燁選手は、実際は、帰塁する走者にタッチをしていないにもかかわらず、いかにもタッチをしたかのように審判に見せる高度な技術を持っていたのだ。

経験の浅い審判や彼の動きを知らない審判なら、つい「アウト！」と手を上げてしまう。ああいったタッチのできる選手は、李承燁のほかにはいなかった。彼は打撃の選手というイメージが強かったが、あれこそ一塁手としてのプロの技だった。

足の速い走者が一塁に出て二塁を狙っているのと、一塁で殺してアウトカウントを1つ増やすのとでは、その後の投手の気持ちは天と地ほども違う。

一塁手の守備を、このような視点で見ていただくのも面白いかもしれない。

守備がへたな二遊間のほうが走りにくい

一塁走者がスタートしたときに、二塁のベースカバーには二塁手か遊撃手か、どちらかが入らなければならないが、打席にいる打者が打ってくるのか、送ってくるのかでベースカバーの動きは違う。

送りバントならば一塁手と三塁手がダッシュしてバント処理に向かうので、二塁手が一塁ベースカバーに入り、遊撃手は二塁ベースに入る。

しかし、問題はバントでない場合だ。

一塁走者がスタートして、打者がスイング。そのとき、うまい野手とうまくない野手では守りが大きく変わってくる。

うまい野手は走者が走った瞬間、すぐにベースカバーに向かわない。打者の動向を見て、打ったか空振りか、また打ったとしたら打球が一、二塁間か三遊間のどちらに飛んだかを確認してからベースカバーに入る。

なぜなら、走者が走るやいなや二塁に向かった場合、もし打者が打ったら、打球が自分のほうに飛んでくれば逆を突かれ、ヒットになってしまうからだ。自分のところに飛んでこないのをきちんと見極めてから、ベースカバーに向かう。かといってじっくり確認していると、今度はベースカバーに入るのが遅れてしまう。そのギリギリのところで判断して、二塁に向かう。

一方、守備のうまくない内野手というのは、一塁走者が二塁に向かってスタートを切ったと同時にベースカバーに走る。すると、当然のことながら、そのサイドは大きく空《あ》いてしまう。打者がそこに打った場合、ボールは誰にも邪魔されずに、外野まで抜けてしまう。

ところが、私のような盗塁を狙う走者の場合は、意外なことに、この守備のうまい内野手のほうがありがたいのだ。

普通ならば守備がへたなほうが、つけいる隙《すき》があって走る側にもやりやすいと思われるだろうが、それがそうとも限らないのである。

走者が走ったとき、前述したように、うまい野手は打者の動向を少し見てからベースカバーに入ろうとする。すると、いくら名手といえども、その判断に時間を要した分だけ遅れてベースカバーに向かうことになる。

野手がベースについた頃には、捕手の投げたボールはもう二塁ベース近くまで届いている。野手としてはベースカバーに入った勢いのまま、ボールをキャッチして走者にタッチしにいくことになる。そうした場合、どうしてもタッチをする場所が微妙にぶれてしまいがちだ。したがって、スライディングしていく走者も、そのタッチから離れたところに滑り込むようにしたり、相手のタッチをかいくぐったりと、野手の動きを見ながら柔軟に対応できる。

ところが、守備のうまくない選手の場合は、走者が二塁を狙ってスタートした瞬間に、自分もベースカバーに入ろうと、二塁ベースに向かって走り出す。

時間的に余裕を持ってベースカバーに入っているので、走者が二塁ベースに向かってスライディングしてくるときには、捕手からの送球をしっかり捕って、どっしりと二塁ベース上で待ち構えているわけだ。

ベースカバーの野手が満を持して走者の到着を待っていれば、さすがに走者はなす術《すべ》がない。タッチしようと待ち構えているベースカバーの選手のグラブに向けて滑り込んでいくだけになってしまう。

逆に言えば、打者としては、走者の盗塁を助けるには、守備のうまい野手を少しでも守備位置に釘《くぎ》づけにしておくことが要求される。もし、次の打者が絶対に打ってこないとわかっていれば、うまい野手でも、走者がスタートした瞬間にベースカバーへ向かうことができるからだ。

これは、走者にとっていちばん手ごわい。うまい野手を守備位置に足止めしておく意味でも、次の打者は送りバントのサインが出ていたとしても、バッターボックスで打つそぶりを見せたりして、ヒッティングの可能性もアピールし、バッテリーや野手陣を攪乱《かくらん》しなければならない。

走者が塁上にいるときに、盗塁を狙《ねら》ってくるだけでなく、ヒットエンドランもあるぞと相手チームに思わせれば、相手の守備も少し躊躇《ちゅうちょ》する。

とくに守備のうまい二塁手や遊撃手がベースカバーに入るのを少しでも遅らせる陽動作戦としても、次打者がフェイクもまじえたアクションを見せることが必要なのだ。

二塁牽制のときは野手の動きは無視する

二塁走者になってリードをとっていると、投手から牽制球が投げられることがある。そのときになにに注意をすればいいかについて考えたい。

一塁走者のときは、右投手か左投手かによって牽制球に大きな違いがあることは第3章で解説した。

しかし、二塁ランナーの場合は、相手が右投手か左投手かはあまり関係ない。右投手なら左足を、左投手なら右足を二塁方向に180度ターンさせて、牽制球を投げてくる。

足を見ていれば、牽制球が来るかどうかは容易に判断できる。

むしろ二塁への牽制で気になるのは、二塁手と遊撃手の2つのポジションの動きだろう。

一塁への牽制の場合、ベースカバーに入るのは常に一塁手で、投手からの牽制球を受けるべく、ベースにぴったり張りついている。また三塁に走者がいる場合は三塁手がベースについて牽制球を待つ。

しかし、二塁ベースへの牽制球は、二塁手と遊撃手のどちらが入るかわからない。片方に気を取られていると、反対側からもう1人がスルスルとベースに入り、牽制球でアウトになってしまう。

二塁への牽制でよくあるのが、次のパターンだ。

二塁走者がリードしている。すると、遊撃手が二塁ベース方向に動き、ベースカバーに入ろうとする。

走者は牽制球を恐れて、あわてて二塁ベースに戻る。

それを見て遊撃手は、再び所定の守備位置に戻っていく。そうなれば走者より三塁寄りにいることになるので、走者は、「もう大丈夫だ」と再びリードをとろうと三塁方向に意識を向ける。

すると、その隙《すき》を突いて、遊撃手の動きと連動するように、二塁手がサッとベースカバーに入り、投手からの牽制球をもらい、走者をアウトにするというものだ。

逆の場合もある。牽制に動いていた二塁手が定位置方向に戻るのと同時に、遊撃手が、走者とクロスするようにベースカバーに入り、牽制でアウトに仕留めるというものだ。

もちろん、これらの動きは基本中の基本のプレーで、守備側はいつも練習していて走者もわかっているのだが、プロでもたまに引っかかってしまうことがある。

このように二塁走者というのは、一塁走者などに比べると意外とアウトにしやすい。

ただ、これには絶対にアウトにならない秘訣《ひけつ》がある。

どうすればいいか。

注意すべきは、野手の動きではなく、投手の動きなのだ。

二塁手と遊撃手の動きに注意するのではなく、投手のモーションだけを見ていれば、騙《だま》されずにすむ。

走者として二塁ベースにいるときには、なにがあろうとも決して投手から目を離さないこと。二塁走者は、ついベースカバーに入ろうとする野手の動きに目が行ってしまうが、野手がいくらベースに張りついていようと、投手が牽制球を二塁に投げない限り、アウトになることはない。

ならば、野手の動きに惑わされるのではなく、投手の動きにのみ集中していればいい。

二塁に走者が出ると、二塁手はベースカバーに入るふりをして、遊撃手は走者のまわりをグルグルと動き回って、まるで「俺のことを見ろ」とでも言っているかのように、走者の注意をお互いにひこうとする。

その両者のちょろちょろする動きにつられて、つい走者は二塁手や遊撃手のどちらかに気を取られてしまう。

気がつけば、もう一方の野手が知らぬ間にベースカバーに入っていて、投手からの牽制球を受けて、アウトになってしまったりする。

繰り返しになるが、あくまでも野手の動きは無視する。

牽制球はすべて投手主導だということを押さえておく。

投手がターンして投げてくるかどうかだけに神経を集中させておけば、二塁への牽制球にひっかからなくてすむのだ。

意外に重要な一塁ベースコーチからの情報

私が1年間で自己最高の64個の盗塁を走った2004年、私の出塁率は3割5分6厘だった。翌05年、盗塁数は60個と4つ減らしたが、出塁率は逆に3割9分2厘と4分ほど上がった。

近年流行している統計的な研究「セイバーメトリクス」ではたいへん重視されている出塁率だが、その意味はおおまかに言って、どれだけの割合で塁に出ることができたかを示す。ヒットももちろん大事だが、試合を考えると、シングルヒットで出ようが四球で出ようが、同じことになる。なによりも塁に出ることが重要視される。

私の場合、10回打席が回ってくれば、そのうち4回弱は塁に出る計算になる。

仮に1試合で5打席とするなら、2回くらいは塁に出ていたことになる。

投手のクセを盗むためには、一塁走者として塁上から投手のクセを観察することが大事になってくるが、出塁率でわかるように、平均すれば1試合で2度ぐらいしか塁上に立てないのである。


しかし、1年全試合、必ず一塁ベース付近から投手のクセをずっと観察し続けることができる人がいる。

それは一塁ベースコーチだ。

別名ランナーコーチとも呼ばれるそのポジションは、一塁コーチスボックスという特等席から毎試合ずっと投手と捕手を見ているのだが、意外とその価値は知られていない。とりわけ盗塁に関することであれば、その位置から得た情報は非常に重要になってくる。

一塁ベースコーチの能力次第で、盗塁だけでなく、バッティングまでが影響を受ける。その情報をしっかり活用すれば、試合の勝敗すら左右することができる。

走者が塁上にいないときの投手のクセに至っては、コーチスボックスからでないと観察することができないのだ。

ところが、やや批判めいた言い方で恐縮だが、私の現役時代、阪神で私以上に投手や捕手の研究をしているコーチに出会ったことはなかった。

それどころか、ある日、私が走者に出たときに、一塁ベースコーチに投手のクセを確認するとデータどおりだというので、安心して大きくリードをとった。すると、予想外の牽制球が来てアウトになったことがある。

データで上がってきている投手のクセさえ見抜けていない現状があった。

私が現役のころの一塁ベースコーチの役割と言えば、ノーサインで走る私が、その場面で走っていいのかを確認するくらいであった。それも自分では判断ができないので、ブロックサインを使ってベンチにいる監督に問い合わせ、その答えがコーチ経由で私に返ってきた。

前述したが、盗塁にはスタートする勇気が必要なのである。そして、その勇気のもととなるものが投手のクセなどの情報だ。

走者が一塁に出て、「よし走るぞ」と思ったときに試合を投手のそばで見ているコーチが適切なアドバイスを与えてくれれば、盗塁に向けての準備において、とてつもなく大きな力になる。

守備陣形や投手について気づいたこと、試合前の時点ではわかっていなかったことなどを見つけて走者にアドバイスしたり、ベンチに戻ったときに選手に伝えれば、チームの戦い方は大いに変わる。

情報を収集するにはどんな能力が必要かと言えば、データの分析能力などももちろん重要ではあるが、やはり求められるのは観察力だろう。投手のクセ、捕手のクセ、内野陣のシフトや動きをしっかりと観察して、分析できる人でないといけない。

各チームとも一塁ベースコーチの重要性を認識して、そのポジションに最適な人物を配していけば、もっと盗塁を試みる選手も増えてきて、プロ野球の試合がスリリングなものになると思う。

盗塁成功率が教えてくれるもの

野球選手というのは、どうしても数字で評価されることが多い。

そんな数字の中で、盗塁成功率ほど選手によりばらつきがあるものはない。

盗塁成功率とは、盗塁成功数を盗塁企図《きと》数で割ったもので、簡単に言えば盗塁を何回試みて、どれだけ成功したかという割合を示す数字だ。

私が盗塁王を獲《と》った03年には71回走って、61回成功させた。そのときの盗塁成功率は8割5分9厘だった。またプロ通算では8割1分2厘の数字を残すことができた。

ところが、盗塁成功率の低い選手になると、2割や3割も珍しくない。10回走っても、2、3回しか成功しないということだ。高い人と低い人とでここまで差がある数値もなかなかない。

例えば打率に置き換えて考えてみても、規定打席に達した中で、首位打者が3割台中盤で、最下位の選手が2割前後だろう。

投手でも防御率を見た場合、規定投球回数に達している投手のトップが1点台とすれば、一軍で主力として投げている以上は、どれほど防御率が悪くても5点前後におさまっているはずだ。

守備率に至っては、9割台後半の数字が当たり前の世界だ。8割台の数字を残すようなレギュラー選手はありえない。9割を切るということは、理論上では10回の守備機会で必ず1回はエラーをするということになる（実際は2回続けてエラーをすることもあるので、数字どおりではないのだが）。とてもではないが、一軍にはいられない。

それらから比べると、盗塁成功率の選手によっての差の大きさに驚かれると思う。しかも、全員一軍で活躍している選手での比較なのだ。

打率であれば、打ちたい打ちたくないにかかわらず、打順が回ってくれば、打席に立つ。数字が下がりそうだといっても、打席からは逃げられない。

投手もマウンドに立ってしまえば、敬遠の場合は別だが、こいつには打たれそうだから防御率を維持するために投げないというわけにもいかず、何番打者であろうと、任された場面では、どんな打者相手でも投げる。

ましてや守備率を下げないために、ボールを追わない野手がいたとすれば、それこそマンガの世界である。

ところが、盗塁は違う。もちろんヒットエンドランのサインが出たので、自分の意志に関係なく走り、打者が空振りしてしまって、三振ゲッツーということもあるだろう。しかし、10個近く盗塁を企《くわだ》てている選手であれば、自分の意志を持って盗塁をしている。

まずは自ら望んで企て、相手の隙を狙ってチャンスをうかがい、大丈夫だという自信のあるところで走るのだ。セーフになることを信じて、自分の意志で狙っているのに、失敗がこれだけ出てしまう。

どれだけ盗塁が難しいものか、そのことからもわかっていただけると思う。

反対に考えれば、その盗塁成功率の数字の差が、個人の研究の質の差と言ってもいい。成功率8割の選手は、それなりの努力と準備をしている。成功率を上げようとすれば、努力次第で上がっていく。

少し古い例になるが、12年にセ・リーグの盗塁王を獲った中日の大島洋平選手の盗塁数は32個で、盗塁成功率は6割5分3厘だった。さほど悪くないが、盗塁王としては決していい数字ではない。とくにシーズン後半だけを見てみると、盗塁数は13個で成功率が5割2分0厘になっている。前半が19盗塁で成功率が7割9分1厘だったものが、後半はそれだけ下がっている。

明らかに相手投手が大島選手の研究をしてきたからだろう。これがプロの投手の怖《こわ》さだと思う。もしかしたら、大島選手の体に蓄積疲労もあったかもしれない。半年以上も戦い続ける、ペナントレースならではの難しさもある。

こちらが相手を研究してクセを盗んだりして成功率を上げようとすると、投手も同様にこちらのことを研究する。盗塁とはある意味で「いたちごっこ」なのだ。

このやった、やり返されたを、しっかり学んでいかないと盗塁成功率というものは、恐ろしいほどに下がっていく。盗塁成功率が5割を切るということは、2回走れば必ず1回はアウトになるということだ。

では、その後の大島選手はどうかというと、盗塁の数が少しずつ減ってはいるが、17年には盗塁成功率7割9分3厘（成功23、失敗6）、18年には成功率7割（成功21、失敗9）という数字を残している。これから、年齢のことも考えると（19年で34歳）、劇的に盗塁企図数が増えることはないだろう。だからこそ、盗塁成功率を上げることにこだわってほしい。

なお、次ページに18年セ・パ盗塁成功率ベスト10を記した。意外な発見があるのではないか。

2018年 セ・パ 盗塁成功率ベスト10（※盗塁企図《きと》数20以上）

セ・リーグ					
順位	選手名（球団）	成功率	企図数	成功	失敗
1位	植田 海 （阪神）	.905	21	19	2
2位	山田 哲人（ヤクルト）	.892	37	33	4
3位	糸井 嘉男（阪神）	.880	25	22	3
4位	桑原 将志（DeNA）	.850	20	17	3
5位	田中 広輔（広島）	.762	42	32	10
6位	大島 洋平（中日）	.700	30	21	9
7位	京田 陽太（中日）	.667	30	20	10
8位	野間 峻祥（広島）	.654	26	17	9
9位	神里 和毅（DeNA）	.625	24	15	9
10位	丸 佳浩 （広島）	.500	20	10	10

パ・リーグ					
順位	選手名（球団）	成功率	企図数	成功	失敗
1位	西川 遥輝（日本ハム）	.936	47	44	3
2位	田中 和基（楽天）	.875	24	21	3
3位	中島 卓也（日本ハム）	.853	34	29	5
4位	源田 壮亮（西武）	.810	42	34	8
5位	荻野 貴司（ロッテ）	.800	25	20	5
6位	安達 了一（オリックス）	.800	25	20	5
7位	中村 奨吾（ロッテ）	.750	52	39	13
8位	柳田 悠岐（ソフトバンク）	.750	28	21	7
9位	金子 侑司（西武）	.744	43	32	11
10位	外崎 修汰（西武）	.735	34	25	9

パ・リーグ1位が盗塁王の常連・西川遥輝選手に対して、セ・リーグは若手の植田海選手がトップ。盗塁企図数を見ると、セ・リーグよりパ・リーグ勢のほうが全体的に多いことがわかる。

ピンチのときの盗塁は諸刃《もろは》の剣《つるぎ》

盗塁を試みて、それが成功したときのインパクトは、敵味方の両チームにとって大きなものだ。

なかなか点が入らず試合が膠着《こうちゃく》していたり、もしくは1点を争うシビアなゲームになったりしたときに、盗塁が成功すると、ゲームの流れが一気に変わる。足の速い走者が塁に出ただけでなく、スコアリングポジションへ。このおかげで、後続の打者にヒットが出れば、盗塁で二塁に進んだ走者をホームに迎え入れることができるのだ。

相手チームがリードしていて、追いつこうと戦っているときであれば、向こうに行っていた流れが一気にこちらに傾き、ベンチ内のムードは追いつけ追いこせと勢いづく。

しかし、逆に言えば、それだけインパクトのある盗塁だけに、もしも失敗してしまうとその代償も大きい。走者がアウトになると、塁上からいなくなるだけではなく、「あー、ダメだったか……」という絶望感にも似た落胆が、ベンチだけでなく、応援しているファンにまで蔓延《まんえん》してしまうのだ。

守備側の気持ちで言えば、盗塁の失敗でチェンジになってくれれば、そのまま攻撃に入っていきやすい。相手がしくじってくれた、という気持ちがあるせいか、「よっしゃ、こっちの攻撃だ！」という空気が生まれる。よくテレビの解説で、「この盗塁失敗は、流れを変えますよ」と言われることがあるが、確かに流れが変わってしまう。

このように、盗塁は成功すればメリットも大きいが、失敗したときのデメリットも大きいと言える。まさに諸刃《もろは》の剣《つるぎ》とも言える重要なプレーなのである。

盗塁というのは、これほどリスキーであるので、チームによっては、あえて火中の栗を拾うような作戦を選択しないところもある。バントで地道にというスタンスである。しかし、こちらはアウトを1つ相手に与えてしまうので、成功しても盗塁ほど勢いがつかない場合が多い。

ただ、前述したように私の盗塁成功率は8割を超えていたので、そういう選手の場合は、それほどリスクのあるものではなくなる。

盗塁成功率が高い選手がチームにいることは、リスクを下げ、そのチームの心理的な面でも大きく助けていると言ってもいいだろう。

失敗することは当然あっても、そういった緊迫した場面でも平気で走ってくる、と相手に思わせておくほうが作戦としてはベターだ。

そうすれば、相手チームも守っていてケアしなければならないことが増えていくからだ。

相手投手も盗塁を警戒しつつ打者と対峙《たいじ》しなければならないし、守備も盗塁を考えた陣形や、ベースカバーに神経を使う。

そういったプレッシャーを与えられれば、堅いはずの守備が綻《ほころ》んでしまうこともある。「ここでは走ってこない」と相手チームが思ってしまうような攻撃では、相手に落ち着いて守ってくださいと言っているようなもので、自分の首を絞めるだけだ。

盗塁をきっかけに投手が崩《くず》れ、連打を招いて大量得点を奪われるということはよくある。むしろホームランを打たれても、走者さえいなければ1点だけの失点にとどまり、投手としては気持ちも切り替えることができ、さほどダメージは受けない。

盗塁などを絡《から》めて、相手投手をじわじわ攻めていくほうが、守る側の気持ちからいってもいやなもので、効果的であると言える。

9回を迎えて同点、または1点差で負けている。そこで私が出塁する。そんな場面で果《か》敢《かん》に盗塁を試みる。アウトになれば、万事休すだ。場合によってはそれですべてが終わり、試合終了ということもあるだろう。

しかし、この盗塁が成功したときの味方ベンチ、そして球場内のファンの盛り上がりは、尋常《じんじょう》ならざるものがある。一気に同点、もしくは逆転の可能性もあるという流れになり、チームはまさに「行け行けどんどん」になる。

例えば、読者のみなさんに思い出していただきたいのが、13年に行われた第3回WBC（ワールド・ベースボール・クラシック）での2次ラウンド、日本対台湾の試合である。侍ジャパンは、ここで負ければ予選敗退の危機という状況の中で、9回2アウト一塁から鳥谷敬《たかし》選手（阪神）が二盗を決めて、その後の井端弘和《いばたひろかず》選手（当時、中日。のちに、巨人にも在籍。現日本代表「侍ジャパン」内野守備・走塁コーチ兼強化本部編成戦略担当）の同点タイムリーを呼び込んだ。鳥谷選手があの土壇場で盗塁を決めたことによって、会場となった東京ドームのお客さんもベンチにいる選手も「いける！」という雰囲気になったはずだ。これが、盗塁の魅力なのだ。

私は現役時代にチャンスの場面で打つことができなかったり、大事な試合を勝てずに落としたりすると、ファンの方から野次《やじ》られたり、いろいろ言われたことがあった。恥ずかしいことだが、フェンス越しにファンの方とやり合ったことすらあった。

しかし、前述のように（32ページ参照）、盗塁でアウトになったときだけは、1度も「赤星、なにをやってるんだ！」と言われたことがない。そういう意味でも、盗塁するということの大事さを、ファンのみなさんも無意識にご存じだったのだろうと思う。

第6章

盗塁技術をもっと磨く方法

~うまくなる実戦テクニック~

三盗のリスクとメリット

ここからは、より実戦に即《そく》した盗塁技術の高め方について解説しよう。

走者にとって、一塁ベースにいるのと、二塁ベースにいるのとでは、盗塁をするにも状況が違ってくる。

三盗には、二盗以上に、より大きなリスクとより大きなメリットの両方が存在している。まずリスクだが、二盗よりも三盗のほうがアウトになる可能性が高い。

理由としては、捕手からの距離が二塁までよりも、三塁までのほうがかなり短いので、送球も早く、かつ正確に届くからだ。

そのために走者は一歩でも多くリードをとって、三塁に近づいておきたいのだが、右投手、左投手ともに速い牽制球《けんせいきゅう》を投げてくるし、二遊間のコンビネーションによるトリックプレーもあるので、油断はできない。

また、右投げの投手だと、三塁に向かってスタートしたときに走者が見えてしまう。右投手のほうが割合からいっても多いので、スタートのタイミングを誤ると、そこでプレートを外され、二、三塁間に挟《はさ》まれてしまい、あえなくアウトになる。

走者が得点圏の二塁に出て盛り上がっている自チームファンにも落胆が広がり、押せ押せムードだったチーム内のテンションも大きく下がる。

その半面、矛盾するようだが、三盗のほうが走りやすい部分もある。

走者が二塁というスコアリングポジションにいるので、シングルヒットでホームまでかえってくる可能性がある。投手は、走者が一塁にいるとき以上に打者に打たせてはいけないという意識が強い。自然と集中力が打者に向く度合いは大きくなり、相対的に走者への警戒心が薄くなる。また、打者を抑えようと、より力強い球を投げたい気持ちがあるので、モーションも大きくなりがちだ。

そのように、走者にとっての隙《すき》ができやすいという点では、二盗よりも、三盗のほうが走るチャンスは広がる。

しかし、二塁から三塁への盗塁は絶対アウトになってはいけないという厳しさがある。わざわざ盗塁しなくとも、少し足が速い走者であれば、次の打者のヒットで、二塁からでも十分ホームへかえることができるからだ。

それを無理して三盗してアウトになれば、みすみすスコアリングポジションにいる大切な走者を失ってしまうことになる。

しかし、その冒したリスクに見合うだけのメリットは十分にあるのが三盗だ。三塁まで進むことによって、相手の投手や守備陣に与えるプレッシャーは、はるかに大きくなるからである。

まず、投手のワイルドピッチや捕手のパスボールが出れば、三塁走者は労せずにホームにかえることができる。

それを避けるために、投手としてはワンバウンドする可能性のある変化球、とくに落ちる系のボールを投げにくくなり、ストレート主体のピッチングになってしまう。当然ながら、打者も狙《ねら》い球を絞《しぼ》りやすくなる。

また、打者にすれば、ヒットでなく、外野フライやスクイズバントでも走者をかえすことができるので、重圧から解放されて、わりとラクな気持ちで打席に立てる。

逆に守備陣にとっては、エラーや内野安打でも失点となってしまうため、当然ながら大きなプレッシャーがかかることになる。

ここ数年、ホームランが増えていることによってか、三盗そのものの価値が薄らいできているようにも感じる。ただ、投高打低であっても、打高投低であっても、野球が1点を争うゲームであることには変わりがない。1点でも多く取ったほうが勝つ。ホームランがクローズアップされてきた今だからこそ、終盤での三盗が勝負を分けたとなれば、盗塁がより見直されていくはずだ。

足からのスライディングか、ヘッドスライディングか

スライディングにはご存じのように、足から入るスライディングと、頭からのヘッドスライディングとがある。私は現役時代、盗塁でヘッドスライディングを使ったことは1度もない。

なぜ、しなかったのか。

まず簡単に言うと、頭から行くと最後のスピードが落ちるからである。

盗塁を成功させるには、ベースに到着する、ギリギリのポイントまでスピードを緩《ゆる》めないことが大切だ。

スライディングすることで、ブレーキがかかる。それにより野手の手前でスピードが落ちてしまう選手がときどきいるのだが、私はスピードを緩めることなく二塁ベースに飛び込んでいくように心がけた。そのためには、足から滑り込むほうが頭から飛び込むよりも確実に速かった。

ヘッドスライディングの場合、立って走っている状態から、体を前に倒してしまう分だけ、時間のロスが出る。

また、胸から飛び込むことにより、その大きな衝撃を上半身だけで受けることになる。そのため人間というのは、飛び込む前に本能的に力を抜いてソフトランディングをしてしまう。なぜなら胸の骨は折れやすいうえに、その骨に守られている場所に心臓や肺などの重要な臓器があるので、意識はしていないが体が勝手に手加減をするのだ。

だから、ベースに頭から突っ込んでいくと、最後でスピードが緩んでしまう。スピードが緩むことには、また、野手からはタッチされやすくなってしまうことにもつながる。それも、私がヘッドスライディングをしない理由でもある。

盗塁するときは、スライディングする瞬間にベースの右か左か、どちら側へ滑るか判断しなければならない。ところが頭から飛び込んでしまうと、最後の方向を決めるときの舵《かじ》取りが難しい。

2012年に来日し、12年には41個、13年には40個の盗塁を決めたエステバン・ヘルマン選手（元埼玉西武、オリックス）は、盗塁のときはすべてヘッドスライディングをしていた。その理由は、世界一の盗塁王であるリッキー・ヘンダーソン選手（元オークランド・アスレティックスほか）が「そのほうが速い」と言っていたからだそうだ。リッキー・ヘンダーソン選手のようにヘッドスライディングを究《きわ》めていけば、もしかしたら足からのスライディングよりも速く滑ることができるかもしれない。ただ、相手のタッチの場所を見ながら、セーフになるスペースをさがしていた私としては、足からのスライディングのほうがやはり有利だと思う。

それに、18年から導入された「リクエスト制度」のことを考えても、足から滑り込んだほうが、セーフになりやすいように思う。強く速く滑ることによって、リプレーでよくよく見てみると、「足が先に入っていた」ということがあるからだ。ちなみに、私の時代にリクエスト制度があったらどうなっていたか……と、ときおり考えることがあるが、感覚的には「プラスマイナスゼロ」。つまりは、アウトだと思ったのがセーフと判定されたこともあれば、その逆もあっただろうということだ。


また、足から滑り込んでいけば、ケガをする可能性も少なくなる。

ちなみに、かつて盗塁の世界記録を持っていた福本豊さんも、盗塁は絶対に足から滑っていくべきだという考えだったが、その理由は、やはり頭から行くとケガをする可能性が高いからというものだった。

私も、福本さんと基本的に同じ考えだ。人間が27メートルほどの距離を、全速力で走ってくるのだ。野手やベースにぶつかるだけで、想像もできない大きな衝撃が体に来る。思いっきり走って、壁にぶつかるようなものだ。

その衝撃を想像してみるといい。

しかもヘッドスライディングでは、それを頭や首と胸という体の中でも弱い部分だけで受けている。ケガをするリスクが大きいのだ。

05年、交流戦での西武との試合で、私は二塁へ盗塁した。二塁ベースに滑り込んだとき、カバーに入ってきた中島裕之《なかじまひろゆき》選手（現巨人、現登録名：宏之《ひろゆき》）と交錯。全速力で走ってきた私の肋骨《ろっこつ》に、やはり全速力でベースカバーに走ってきた中島選手のヒザが入った。私はひとたまりもなく肋骨を折ってしまった。

胸だから良かったようなものの、もしこれがヘッドスライディングで入っていたら、どうなっていただろう。頭や首の骨を折っていたかもしれない。

ベースカバーに入ってくる野手と交錯するだけではない。相手のタッチも顔に来ることになる。ボールをつかんだままのグラブで顔をはたかれると半端《はんぱ》なく痛い。へたをすると鼻の骨くらいは折ってしまう。また、コンタクトレンズを入れている選手では、顔にタッチされると本当に危ない。

捕手は二塁ベース上に向けて送球する。ヘッドスライディングはそこに頭を出していく格好になる。たとえヘルメットをかぶっていたとしても、側頭部にボールを受ける可能性だってある。

ケガで選手生命を縮めないとも限らない。リスクを避けるためにも、足からスライディングするほうが良い。

帰塁のとき頭から戻る理由

盗塁するときには必ず足からスライディングしろ、と言われていた福本豊さんだが、リードから帰塁するときも足から戻れという考え方だった。

ケガを避ける意味では、それは正しい。私も、本当であれば帰塁するときも足で戻ったほうがいいと思っている。しかし、現実問題として、現代野球ではそれは難しくなってきている。

福本さんが現役で活躍されていたころのパ・リーグは、野球もまだのんびりした時代だった。山田久志さん（元阪急、元中日監督）や村田兆治さんなどの名投手は、投球フォームが大きく、まず打者勝負で走者は二の次だった。しかし近年のプロ野球では、盗塁対策の技術が、福本さんが走っていた30年前に比べてはるかに進んでいる。

第1に、投手の牽制球の技術が向上した。

一塁に牽制球を投げるときに、右投手なら背中側にあるベース方向にターンして投げる。

そのテクニックが、毎年のように進化し、スピードもかなり速くなっている。またサインプレーなども用いて、走者に二塁に走られる前に、牽制でアウトにしてしまおう、もしくは一塁に釘《くぎ》づけにしようという考え方になっていて、なかなかリードがとれない。

第2に、走者が走っても二塁でアウトにできる確率が高くなった。

ビデオが進化し、あらゆる角度から試合の映像を撮るようになった。そのおかげで投手は自分の投球フォームを繰り返し見ることができ、自分のクセがわかるようになった。クセを見つけると、相手にバレないうちになくしてしまう。もしくはクセに気づかれているときに、それを逆手にとるときのためにあえて残しておく。

さらに、クイックモーションのテクニックも格段に上がっていった。もともとクイックモーションは、野村克也さん（元南海ホークスなど、元ヤクルト監督など）が、福本さんの足を封じるために発明したと言われている。それが今では、投球動作の開始からボールが手を離れるまでの時間を少しでも短くして、早く捕手にボールが届くように工夫されている。どんどん進化し、改良されていき、現在は1秒を切る投手も出てきた。

投手だけでなく、捕手もデータを使って走者の走る傾向を調べるなど、盗塁しにくい配球で勝負してくる。今やバッテリーが一体となって、作戦を練り、盗塁対策を立ててくる。

このように、現代野球では牽制が厳しくなり、クイックモーションが改良され、盗塁を防ぐ技術はどんどん進化している。

盗塁する選手にとっては、とても厳しい環境になってきたと言える。

そういった中で、走者が盗塁を成功させるためにできることの1つがリードの拡大だ。少しでも大きくリードをとる。半歩でも一歩でも、それこそ10センチでも大きく、リードをとっておかないと、二塁でセーフになることは非常に難しい。そこで走者と牽制する投手とのせめぎ合いが起こる。

走者は投手の様子をうかがいながら、もう10センチ出れば刺される、だがもう5センチだけだったらギリギリで戻ることができる、というような距離までリードをすることになる。

こういった極限状態でリードをとっているので、二塁に向かおうとする気持ちと逆の方向に足で戻っていては間に合わない。

盗塁のときと違って帰塁のときは、体を動かさないといけない。つまり、一瞬だが、動きが止まったような状態になっている。そのため、足からベースに戻るよりも、倒れていく自然の力も利用して頭から戻るほうが帰塁が早くなる。

頭から入ることでケガのリスクがあるのは、ある程度は、仕方がない。実際には私のように首を痛めている選手からすれば、頭からベースに戻ったときの衝撃はかなり大きい。それでも帰塁には、頭から行かざるをえなかった。

ただ、ときどきたいしてリードをとっていないのに、バタッと倒れるようにして頭から戻る選手がいる。あれはまったく意味がないと思う。

そういうときは無理せずに、足からベースに戻っても十分セーフになる。ケガのリスクだけ増えてしまうので、ヘッドスライディングはむしろやめたほうがいい。

いぶし銀の代走専門選手

すでに述べたように、フライボール革命の流れが日本にも入ってきていて、リーグ全体のホームラン数が伸びている。さらに近年感じるのは、私が現役でプレーしていた以上に「ボールが飛ぶ」ということだ。今後ますます、長打が増えていくのではないだろうか。

しかし、ただ打つだけでは得点につながっていかないのが野球の面白いところである。走者からの揺さぶりによって、バッテリーの配球が限定され、打者が打ちやすい状況を作り出すことが得点につながるのだ。

そのためには、チームで走力を鍛える必要がある。盗塁に必要な走力は瞬発力だ。オリンピックの陸上競技でいちばん短い種目は100メートル走だが、盗塁はそれよりも短い27・431メートル。リードしている分を差し引くと、もっと短くなる。この短い距離を走るあいだにトップスピードまで上げなければならない。まさに爆発的なダッシュが必要となる。

瞬発力を鍛える練習として、私が現役時代にやっていたのは、負荷をかけたスクワット運動だった。ホームランを打つ筋力が必要なわけではないので、軽い負荷でいい。例えば金本知憲さんが１００キロのバーベルを背負ってスクワット運動をしているなら、20キロでいい。肝心なのは、そのバーベルを背負ったまま、スピードにこだわって速く動くことだ。筋持久力を鍛えるのではなく、速筋力とでも言うような瞬発的な筋力を高めるトレーニングをすることが必要となる。

あとはダッシュを何度も繰り返して、短い動きを繰り返すトレーニングを続けていけば盗塁に必要な筋力を鍛えていける。

筋力は、人間が老いていく生物である以上、年齢とともに下がっていく。筋力低下を少しでも遅くしようとすると、金本さんのようにハードな筋トレが必要になる。ただ、技術や経験というのは年齢とともにレベルが上がっていくので、40歳を超えても現役でプレーできる人はいる。門田《かどた》博光《ひろみつ》さん（元南海など）は40歳で44本のホームランを放ち、本塁打王になった。

しかし、盗塁の分野では、40歳を超えてもなお一流の数字を残せた選手はまだいない。

ひょっとすると脚力というものが、筋力の中でも早く衰える類《たぐい》のものなのかもしれない。ただ、投手で言えば、たとえ150キロのスピードボールが投げられなくなっても、コントロールと相手の裏をかく配球で山本昌さんのように50歳まで現役を続けられる選手もいる。打者にも、ホームランはドカンドカンと打てなくなっても、ここぞというときにヒットで走者をかえすバッティングをする40歳前後のベテラン選手は多い。

同様に、盗塁も、筋力や脚力の低下を経験と技術でカバーすれば、40歳を超えてもまだまだ走れる選手が出てきてもおかしくない。むしろ経験を積んだ分、若いころより走れるようになる選手が出てくるのではないか。実際、ここ数年の野球界の流れはそういった選手を必要としてきている。

海の向こうのメジャーリーグでは、前出のリッキー・ヘンダーソン選手が、40歳になって66個の盗塁を決めタイトルを獲《と》っていて、その後の5年で100盗塁以上走った。

日本ではどうか。私が期待していたのが、ジャイアンツの盗塁職人・鈴木尚広《たかひろ》選手だったが、残念ながら16年限りで、38歳で引退してしまった。通算盗塁数は228個で、失敗は47個。引退した16年においても、成功10で失敗は0だった。まだまだ走れたと思う。しかし、本人の中で理想と現実の動きに少しずつズレが出てきていたのだろう。代走として、接戦で迎えた終盤に起用され、バッテリーが警戒している中で当たり前のように盗塁を決める。半端のないプレッシャーがかかるからこそ、最大限の準備をしていたはずだ。

はたして、今後のプロ野球界に鈴木選手のような盗塁職人があらわれるのか。40歳になってもファンが盗塁を期待するような、いぶし銀の走り屋の登場を心から待ち望んでいる。

「走・攻・守」の間違った意味

テレビの野球中継を見ていると、よくアナウンサーや解説者が「この選手は走・攻・守の三拍子揃《そろ》っていますね」と言うことがある。

この「走・攻・守」揃ったとは、いったいどういうことを指すのだろうか。世の中に浸《しん》透《とう》している言葉の意味としては、足が速く、バッティングにも優れ、守備もうまいということなのだろう。

しかし、私はこの言葉に、以前から引っかかりを感じていた。私自身が野球をやっている中で、とくにプロ入りしてからは盗塁にこだわってきているせいか、「走」も揃っていると言われる選手に、実は「走」は揃っていないだろうと思ってしまう選手がいるのだ。

「攻」に関して言えば、打率が3割を超えているとか、ホームランを30本以上打っているとか、具体的でわかりやすい数字がある。

「守」ならば、エラーの数の少なさのほか、肩が強いとか、守備範囲が広いというのもある。またその選手のプレーを見ていてファインプレーが多い、追いつけそうにないボールを飛びついたという個人の印象もあるだろう。

ところが、「走」だけは、きっちりとした基準がない。

みんなが使っている「走」に優れている選手は、あえて言うなら、足が速い人という漠《ばく》然《ぜん》とした評価なのである。

野球選手の場合、50メートルを何秒で走るかというのは、それほど関係ない。その選手の運動能力をあらわす数字としてはわかりやすいものだが、いくら直線を速く走れてもボールを捕れなければ意味はないし、バットに球が当たらなければその脚力も生かせない。野球選手は陸上競技選手ではないので、ただ直線を速く走れるだけではどうしようもない。単純に足が速いということは、大して役に立たないのだ。

私の中には、「走」に優れた選手はどういった選手か、という疑問に対する答えがきちんとある。それは「盗塁をたくさんしている選手」だ。盗塁数がいちばんわかりやすい基準になる。

「走」をはっきりと見える形で評価するにはそれしかない。

各チームのレギュラークラスで、打率で2割8分以上打っていて、守備も定評がある選手のうち、盗塁を20個以上している選手がどれだけいるだろうか。残念ながらあまりいない。

一塁から一気にホームへかえって来る走力や、浅い当たりのシングルヒットで二塁からホームインする走塁も大切だが、それ以上に盗塁にこだわってほしい。「走」の能力があるという表現は、盗塁を少なくとも20個以上している選手に使うべきだろう。テレビやスポーツ新聞では簡単に「走・攻・守」とひとくくりに使っているが、もう少し「走」のことを吟味《ぎんみ》してから使ってほしい。

そんな中、プロ野球界で「走・攻・守」揃ったプレーヤーの代表例はイチロー選手（シアトル・マリナーズ）だ。バッティングで言えば、日米合わせて9回も首位打者に輝き、守備でも日米で17回のゴールデングラブ賞（メジャーリーグではゴールドグラブ賞）を獲《と》っている。そして、盗塁数では日本で199個、メジャーで509個と通算708盗塁にものぼり、盗塁王も日本で1回、メジャーリーグでも1回獲得している。まさに「走・攻・守」揃った選手だ（記録は18年終了時点）。

日本球界に目を移せば、18年までに3度のトリプルスリーを達成した山田哲人《てつと》選手（東京ヤクルト）や、同じくトリプルスリー経験者の柳田悠岐選手（福岡ソフトバンク）の名前が挙がる。3割30本打つだけでも難しいのに、そこに30盗塁が加わる。理想的なバッターである。

30盗塁以上を2度マークし、2015年から4年連続でリーグ最高出塁率の柳田悠岐選手。

盗塁のスタートの技術が高まれば、広島の鈴木誠也《せいや》選手にもトリプルスリーの可能性は十分にあると思っている。18年は打率3割2分、30本塁打と打撃面ではクリアしたが、盗塁はわずか4つに終わった。16年と17年には16盗塁ずつ決めているので、スピードは持っている。17年の後半戦に右脛骨《けいこつ》を骨折したことが、盗塁に少なからず影響が出ている可能性はあるが、技術を磨けばもっと走れるようになるはずだ。走りにくいマツダスタジアムという環境で、もしトリプルスリーを達成できれば、これは大変な偉業と言っていいだろう。

1番打者の第1打席の重要性

1番打者にとって第1打席目は、ほかの打席と比べものにならないほど大事である。自分のチームで相手の投手と最初に対戦するのが、初回の1番打者だ。2打席目、3打席目では、偶然でしかその回の先頭打者として打席に立てないが、初回だけは間違いなく先頭打者になる。

私の場合は、プロ野球生活9年で3本しかホームランを打っていないので、先頭打者ホームランは期待されていないし、私も狙《ねら》っていなかった。

それよりも大事な使命が、1番打者の第1打席にはあると思っている。

相手の投手と誰よりも先に対戦する1番打者の役割として、私が自分に課していたことは、なによりもまずは早打ちを絶対にしないということだった。できるだけ相手に球数を投げさせて、その投手の状態がどうなのか見極めることを心がけた。

先発投手のその日の調子はどうか。まずいちばん最初に打席に立つ自分が、その目で確かめないといけない。

立ち上がりはどうなのか。いいのか悪いのか。スピードは速いのか遅いのか、球の切れはどうなのか、変化球の曲がり具合はどうなのかとか、1番打者が見なければいけないことはいくらでもある。

最初の打席でそれをきちんと見極めて、自分に続くチームの打者に伝えなければならない。その情報をもとにして、2番打者以降も投手への対策を自ら考えるので、1番打者としては分析力が必要となる。

そして、それ以上に大事なのが、チームの全員が試合開始後に初めて打席に立つ1番打者の内容に注目しているということだ。

1番打者のバッティングでその日のチームの命運が変わると言っても過言ではないと思う。

チームメイトは、相手の投手がどの程度のレベルなのか、自分たちで打てるのか歯も立たない相手なのか、知りたくて仕方がない。

自分たちの信頼する1番打者がまずどんなバッティングをするかで、それをはかっている。だから1番打者の第1打席の出来不出来で、その日のチームの勢いや、試合の流れがどちらに向かうかが大いに変わってくる。

初回に1番打者が、ヒットや四球で塁に出れば、チームに勢いがつき、打線は俄然《がぜん》盛り上がる。ヒットでも打てば、後続の打者は自分もいける、打てると自信も出てくるので、打線に火がつく可能性も高まる。

ところが、あっさりと抑えられれば、今日は勝てないのではないか、と思ってしまう。

私が1番打者の大事さに気づかされたのは、愛知県の大府《おおぶ》高校時代のことだ。

1994年春のセンバツに出場し、1回戦で強豪・横浜高校（神奈川県）と当たった。先頭打者として甲子園の打席に立った私は、初回の打席で三振を喫した。

その瞬間に、ベンチ内のチームメイトの中に「赤星が三振したぞ」といういやな空気が流れた。なぜなら、愛知県の夏の大会や秋季大会などで、愛工大名電や中京大中京、東邦《とうほう》、享栄《きょうえい》といった愛知県のなみいる名門校の投手と対戦しても、私は三振を取られることがなかったからだ。

それが、甲子園の大舞台で、いきなり三振した。

チーム内が、相手の横浜高校の投手がどれだけすごいんだ、という不安感に包まれた。

愛知・大府高校時代の著者。1993、94年の春のセンバツに、内野手として出場している。

私に続く打者は、もう打つ前から投手に呑《の》まれている状態になり、チームは3対10で惨敗した。

結果論だが、もし私が第1打席で三振せずに、その投手からヒットを打っていたとしたら、チームにも「赤星がいった。よし、俺たちもいけるぞ！」という空気が生まれ、その投手を打ち崩《くず》していたかもしれない。

先頭打者というのは、それくらいにチームの命運を左右する存在なのだ。ヒットで出るのがもちろんいちばんいいのだが、仮に打ち取られたとしても、あとに続く打者が調子に乗っていけるようなバッティングを見せないといけない。

ボールをカットする練習

1番打者の第1打席で大事なことは、1球でも多く投手に投げさせることだと説明した。それはなによりも第一義的には、相手投手にいろいろなボールを投げさせて、その日の調子を見極めて、後続の打者に教えるためだ。

それとは別に、もう1つ大事な役目がある。初回の先頭打者から球数を多く放らせて肉体的に疲れさせるためだ。先発投手が6回まで投げるとして、パーフェクトに抑えられていない限り、1番打者は3打席はその投手と対戦する。私の場合、必ず1打席で5球以上は投げさせることを目標にしていた。なんとかしてフルカウントまで持ち込めば5球だ。2ボール2ストライクや2ボール1ストライクでも、あと1球や2球はファウルで粘ることができる。うまくいけば3打席で20球は投げさせることができた。

今のローテーション投手であれば、1試合100球ほどでマウンドを降りる。1人に20球を投げるということは、先発投手の1試合の球数の5分の1ほどを1番打者との対戦だけで投げてしまうわけだ。先発は、6回持たずに100球を超えてしまい、降板することになる。8回まで先発が投げれば、9回をクローザーが登板するだけになるが、5回で降板させれば9回までをあと3、4人の投手でつながなければならない。

1試合単位で考えると大したことがないように思うかもしれないが、投手を完投させずに、毎試合3、4人の中継ぎを引っ張り出していると、リリーフ陣の登板数がべらぼうに増えていく。そうすればそのチームはシーズン終盤になって、投手陣全体に疲れが出て、落とす試合が増えてくる。

逆の例を挙げると、エース級のローテーション投手になれば、いきなりど真ん中にボールを投げ込み、打者の打ち気を誘うことがある。その球につい手を出してしまうと、実は少しだけそのボールを変化させていて、バットの芯《しん》を外され、内野ゴロに打ち取られる。

1番打者の責務も果たせず、「あっ、簡単に打った、最悪だ……」という気持ちになる。そして、その後悔は、ゲーム終盤まで続いてしまう。

仮にその球をヒットにすることができても、それが初球や2球目であれば、あまりうれしくない。続く打席も2球目や3球目に打っていれば、1試合トータルで10球もいかない。それでは相手投手にラクに投げさせてしまい、途中でマウンドから引きずり降ろすことができない。そんなときは、今日は相手投手に仕事をさせてもらえなかったな、と反省することしきりである。

打席で粘る方法としては、ファウルを打つしかない。自分の得意でないボールや、打ってもヒットになりそうもないコースに来たボールは、前へ飛ばさずファウルにして次の球を待つ。次がまたいいボールでなければ、コツンと当ててファウルグラウンドに打つ。あとは投手との根比べである。もう投げるボールがないと、甘いボールが来れば前へ打てばいい。毎打席、ファウルで粘っていると、投手の疲労も知らぬ間に蓄積してくる。回を重ねるごとに疲れが溜《た》まり、後半になるとスタミナが落ちる。やがて球速が落ち、変化球のキレも悪くなり、バッティングチャンスが出てくる。今まで抑えられていた投手でも打つことができる。

ただ、ファウルを打つといっても、実際はなかなか簡単にはできない。

私は試合前のバッティング練習のときに、ファウルを打つ練習をしていた。バッティング投手の生きた球を相手に、本番さながらに、球筋によってカットの仕方を変えながら、ときにはバッティング練習の半分の時間をファウル打ちに費やした。事情を知らない人にすれば、ファウルばかり打つ私を見て、「今日の赤星は調子が悪そうだな」と思ったに違いない。

現役時代に何度も対戦を重ねた宮本慎也さん（元東京ヤクルト、現東京ヤクルトヘッドコーチ）もファウルをよく打っていた。きっとファウル打ちの練習をされていたのだろうと思う。他チームを見渡しても、私がそういう練習をしているのを実際に目にしたのは、当時、中日に在籍していた井端弘和さんくらいだ。

ある年のデータでファウル数をカウントされていたことがあった。私と井端さんの数がほかの人よりぬきんでて多かった。1人で相手に投げさせた球数を総計すれば、私が1番で、井端さんが2番だった。

今のプロ野球界で言えば、北海道日本ハムの中島卓也《なかしまたくや》選手が、ファウル打ちの達人と呼べるだろう。ポイントをあえて後ろにして、体の近くからバットを出して、三塁方向にファウルを流し打つ。キレとスピードのあるプロの投手に対して、なかなかできることではない。その粘りっぷりは、「ネバネバ打法」と呼ばれて、ファンのあいだにも浸透しているようだ。

ファウルで粘る打者は、投手にすればいやなものである。私はいやがられる1番打者を

ファウル打ちで球数を稼ぐ技術は現役随一の中島卓也選手。2015年の盗塁王でもある。

目指していたので、投手にそう感じてもらえれば光栄に思っていた。

今後は打者の評価として、フォアボールの数のように「ファウルの数」も記録として残してもらえれば、また野球の見方もさらに面白くなるのではないだろうか。

最強の1番打者とは？

最強の1番打者とはなにか。1番打者に求められる役割にはいろいろあるだろう。

まず1つめは、「出塁率」だ。相手の投手を打ち崩して点を取っていくには、とりあえず塁に出なければならない。

先頭打者ホームランで、相手投手に先制パンチを与えるというのも悪くはないが、ホームランというのは、「いきなり打たれたけれど、よし、ここから気持ちを切り替えていこう」と、案外、相手に与えるダメージは少ない。

それよりも、ヒットや四球で出て、走者が塁に出ているほうが守備にとっては面倒くさい。走者が仕掛けてくるかもしれない。そのうえでバントかヒットエンドランかと、守っているほうも考えなければならないことが増える。

走者が塁上にいるだけで守備側にはプレッシャーがかかり、いやな空気になる。そのためにも1番打者はなんとか塁に出て、相手投手や守備を攪乱《かくらん》するようにしなければいけない。それができれば、さらなる走者を出すことにもつながり、一気に大量得点にまで結びつく可能性が出てくる。

次に必要なのは、「粘り」だ。

すでに触れたように、1番打者にとって大切な仕事は、相手投手のボールを見極めて、調子を知ることと、球数をできるだけ投げさせることだ。

先発投手は、6回100球を最低限のノルマとされていることが多い。いかに早くそこまで投げさせるかが勝負の分かれ目にもなる。

また、3つめとして、「走力」ももちろん大事だ。

一生懸命、粘りを見せて、どうにか塁に出ても、走力がなければ意味がない。走れない、または走らない走者が塁上にいても、投手にとってはなんら脅威《きょうい》ではない。むしろ次の打者でダブルプレーにとれれば、結果的には同じことだ。

1番打者に走力があれば、投手は何よりその打者を塁に出したくないとプレッシャーを受けながら投球しなければいけない。それが、投手が調子を崩すもとにもなる。

そして、最後4つめとして、「長打」を打てる打者でないと、1番打者としては完璧《かんぺき》とは言えない。

長打力があることで、守備側は混乱する。なぜなら長打力がなければ、外野手も頭を越す打球はないと考えて、前のほうだけを守っていればいい。ところが、長打もあるとなれば、そんなに前ばかり守っているわけにもいかないので、後ろへ下がらざるをえない。そうなれば、今度はポテンヒットの可能性が出てきてしまう。

外野手は、どれだけ自分が守らなければいけない範囲を狭めることができるかが大事だ。守備範囲を小さく見積もることができれば、守りはラクである。だが、長打力があれば、そうはいかなくなる。

出塁率、粘り、走力、長打。これら4つの条件のうち、3つ以上満たさないと、1番打者としては認めてもらえない。そして、史上最強の1番打者と言われるクラスになるには、4つすべての条件を確実にクリアしないといけない。

私の場合は、プロ野球選手としての9年間のキャリアで3本しかホームランを打っていない。それが、私が史上最強の1番打者になれなかった理由だ。

私は長打を初めから捨てていた。長打を打とうとするなら、それなりの体に鍛え上げれば、まったく不可能というわけではなかったと思う。

しかし、私は長打を打つために体を鍛える時間があるならば、その時間は、走力を鍛えることや相手投手の研究に使いたいと思っていたのだ。

第7章

ワンランク上の盗塁論

~球場別対策・走りの最高メソッド~

スタートよりタイミング

本章では、さらにワンランク上の盗塁メソッドに触れていきたい。

盗塁をするときには、相手投手のクセを研究して、それがわかれば勇気を持ってスタートできると何度も述べてきた。

基本的には、それで盗塁はできる。

しかし、同じ選手に何度も走られていると、相手投手も無策でいるわけはなく、自分のクセが盗まれていると感じ、投球フォームを見直してくる。また、クイックモーションのスピードを上げるなど、対策をとってくる。

しかも、近代野球ではバッテリーのレベルがどんどん上がってきているので、クセを出している投手の数も減ってきている。上原浩治さんのように（94ページ参照）、中にはそのクセを逆手《さかて》にとって、走者を引っかけてくることもある。

そうなると、なかなかスタートが切れない状況になる。

では、どうすればいいだろうか。

発想を逆転させればいいのだ。

「いいスタートを切る」のではなくて、「いいスタートを切るために、どうしたらいいか」という発想で、もうワンランク上の考えをすれば、また新たな勇気を持つことができる。

まず、投手のクセがないなら、投手がホームに投げるのか、牽制球《けんせいきゅう》を投げてくるのか、走者としては読めておらず、迷っているというケース。

その時点で、走者はすでに心理的にスタートをためらってしまっている。

ためらっているので、投手が普通に大きいモーションで投げた場合でも、その分だけスタートは鈍《にぶ》る。ましてや投手がクイックモーションで投げてくれれば、アウトになる確率はずっと上がってしまう。

ワンランク上の盗塁をするためには、投手に自分を合わせるのではなく、相手を自分に合わさせるという考えを持てばよい。

走者のほうがイニシアティブをとるのだ。

スタートを切ろうと走者が思うときは、投手が動き出すのを待っていることが多い。つまり、投手が動き出したのを見てからスタートを切ることになる。それでは遅い。投手がさあ投げるぞ、という瞬間を見極めて走らなければ、二塁でセーフになることはない。

では、クセでその瞬間を知ることができないとすれば、なにを判断材料とするのか。

答えはタイミングだ。

相手投手の投げるタイミングがわかればいい。

投手によって、投げるタイミングが違う。また、状況によっても投げるタイミングを変えてくることがある。構えてから投げるまで、ボールを長く持つ投手もいれば、セットに入ってすぐ投げる投手もいる。

まず、その投手のタイミングを覚えておかなければいけない。

相手投手の投げるタイミングを体で感じることができれば、その投手が投げる動作に入るな、というのが自然とわかってくる。

例えば、「1、2、3、4」という簡単なタイミングで投手が投げるとすれば、走者もそのタイミングに合わせて走り出せばいい。

大事なことは、投手がセットポジションに入ってから、どのぐらいのタイミングで投げる確率がいちばん高いのかということを見て覚えることだ。そうすれば、自分がスタートを切るというよりも、相手が勝手に動き出すのに合わせて、自分も走り出せばいい。

だから、私の現役時代で言えば、クセがない投手よりも、タイミングを変えてくる投手のほうが苦手だった。自分のスタートするタイミングと合わないのだから、とても走りにくい。

投手によっては、1球1球、タイミングを変える投手もいる。走者がベースについた瞬間に投げてきたり、逆に間《ま》を置いたり、またクイックモーションで投げたかと思うと、次の投球は普通のセットポジションで投げる。これでは、スタートするきっかけが少しもとれない。

これは走者だけでなく、打者も打ちにくい。

ただ、タイミングを変えてくる投手にも、その変えるパターンがクセのように決まってくることが多い。それを見つけて、こちらのタイミングで走るようにしなければいけない。

ベースカバーは二塁手に入らせる

バッテリーが盗塁を警戒している中で走る場合、悠々と二塁でセーフになるということは少なく、最後は二塁ベース上で走者の足が先に入るか、タッチが先かという際どい勝負になる。

走者が野手のタッチを、ほんのコンマ何秒でも遅くすることができれば、走者がセーフになる確率は上がる。その確率を上げる1つとして、ベースカバーに、遊撃手よりも二塁手が入る状況で盗塁をしたほうがいいということがある。

つまり、盗塁する走者としては、「次は二塁手がベースカバーに入る」と確信したときに走ると、遊撃手がベースカバーに入ったときよりもセーフになる可能性が高くなるのだ。

守備側からすれば、二塁手がベースカバーに入るより、遊撃手がベースカバーに入るほうが都合がいい。遊撃手であれば、捕手からの送球を目で追いながら、走ってくる走者の動きも自分の視野におさめることができる。走者とボールの両方を見ながら、二塁のベースカバーに入ることができるからだ。

ところが、二塁手がベースカバーに入る場合は、走者が動いたと見るや二塁ベースに向かうのだが、このとき捕手からの送球は見ることができるが、後方を走ってくる格好になる走者の動きはわからない。走者を見るためには、送球から一度、目を切って、どこを走っているか確認する必要があるからだ。

また、遊撃手だと、二塁ベース上で走者を待ち受ける状態で捕手からの送球を受けることができる。当然、走者にタッチをするのも容易になる。

しかし、二塁手であれば、走者が自分とほぼ同じ方向から走ってくるので、背後にいるような状態になる。

走者と追いかけっこをするかのようにベースに入らざるをえず、走者の動きが確認しにくい。走者がどのあたりにスライディングしてくるかも、ベースカバーに入ってからでないと判断できない。

タッチを考えても、二塁手は不利だ。遊撃手だと送球は基本は自分の左側に来るので、そのままボールを受けて素直にタッチにいけるのだが、二塁手は捕手からの送球が自分の右側、つまりグラブをしていないほうに投げられる。逆シングルでボールを捕ってからタッチにいくことになるので、その動きの分だけ余分に時間がかかってしまう。

このように、走者としては二塁へ盗塁したときに、セーフになる確率を高めるためには、遊撃手ではなく、なるべく二塁手が二塁のベースカバーに入るときに走りたい。

では、二塁手と遊撃手のどちらがベースカバーに入るかを決める要素はなにか。

これは、チームのやり方や、二遊間を守る2人の野手によっても異なるが、おおむね打者が右打ちか左打ちかによって、ベースカバーは変わることが多い。

打席に左打者がいる場合は、打球が右（二塁）方向に飛ぶ可能性が高いので、二塁手は守備位置から動きにくく、遊撃手がベースカバーに入ることが多い。逆に右打者であれば、左（遊撃手）方向に打ってくるので、二塁手が入るケースが増える。

もちろん、打者がどちらに打つのが得意かで、それは変わってくる。

右打席に打者が立っていても、右に流すのが得意な打者であれば、当然、二塁手は動けない。そんなときは、打者が無理をしてでも左に引っ張ってみる。そうすれば、打者が左を狙っていると判断した遊撃手は守備位置から離れられなくなる。

左打者であれば、逆に左方向に流し打ちをさせる。

走者が一塁に出れば、このチームの打者は、右打者であれ左打者であれ、三遊間の方向に打つように徹底すれば、守備陣もデータに基づいて守っているので、遊撃手がベースカバーに入るわけにもいかず、盗塁のときには二塁手がベースカバーに入ることになる。

次の打者の打つ方向を、守備側に意識させることで、ベースカバーに入る野手を走者も判断できる。それを頭に入れて走れば、ベース上のクロスプレーを有利にすることができる。

盗塁がしやすい球場、しにくい球場

東京ドームやナゴヤドームのように、全体に人工芝を敷いている球場と、内野が土の甲子園球場や走路のみ土のマツダスタジアムのような球場では、盗塁のしやすさ、走りやすさが、天と地ほども違う。

人工芝の球場ではスタートが多少悪くても、走り出してしまえばスピードを上げながら二塁ベースまで行くことができる。しかし、土の球場の場合は、二塁までの走路がずっと土なので、スタートで失敗してしまうとなかなか取り戻せない。

夏場で晴れの日が続いて、土が乾燥気味の場合でも、やはり土の上は走りにくい。天候が悪かった次の日は、水はすでに引いていても、足元は緩《ゆる》かった。ましてや朝から雨が降ったりした日は、「今日はもう盗塁は無理だな」とあきらめていた。グラウンドキーパーさんがどれだけ愛情を込めて整備をしてくれても、土のグラウンドの足元の走りにくさはどうしようもない。

ところが、人工芝は足元が緩くなることはなく、常に固い状態だ。しかも、ドーム球場なら天候に一切左右されることはなく、いつでも走れる。陸上競技のトラックも、以前はアンツーカーだったものが、今ではポリウレタンなどの全天候型に変わってきている。世界記録が毎年のように更新されるのも、それによるのでないか。

「歴史に〝ｉｆ〟はない」とよく言うが、私が巨人や中日のように、年間の試合数の半分以上をドーム球場などの人工芝の球場で試合をするチームにいたとすれば、もっと走れていたと思う。よくホーム球場の広さによってホームランの数が変わってくると言われるが、それと同じことが盗塁にもあるのだ。

２００３年から05年にかけて、毎年60個以上の盗塁をしていたが、人工芝での試合数が多かったならば、80個以上はできたという自信がある。

しかし、私のホームグラウンドは甲子園球場だった。本拠地なので、試合数も多く盗塁数も最も多いのだが、盗塁成功率も詳細にみれば、人工芝の球場と、土の球場とで違ったはずだ。その３年間の盗塁成功率は８割４分５厘ほどだが、本拠地が人工芝であれば、もっと成功率は上がっていたと思う。

土のグラウンドは走りにくいというと、感覚的なものに聞こえるが、実際にタイムを計ると明らかに違っていた。

私の場合、盗塁をするときには、リードから二塁でスライディングするまでを13歩で走っていた。スタートで3歩使うとすれば、あと10歩は塁間を走るいわゆる中間走である。最初の数歩でいかに早く自分のトップスピードまで上げられるか、そしてスピードに乗った状態を中間走でキープできるかが、盗塁の成否にかかわる。この10歩を足元の固いしっかりした人工芝の上を走るのと、走りにくい土の上を走り続けるのでは、時間的にもかなりの差が出てしまう。

実際のところ、リードしてスライディングするまでのタイムが0・2秒ほども違う。最初に書いたように、投手が投げて、捕手が捕球後二塁に投げるこの時間がたったの3・2秒だ。そして、私がリードして二塁に滑り込むまでがやはり3・2秒かかる。

このコンマ数秒の戦いの中で盗塁をしているときに、塁間で0・2秒早く走れることは相当大きい。私が、もし人工芝の球場がホームグラウンドだったならもっと走れた、というのもあながち大げさではないのがおわかりいただけると思う。

少し古い話になるが、10年に広島東洋カープの梵英心《そよぎえいしん》選手が43個でセ・リーグの盗塁王を獲得した。本拠地のマツダスタジアムが土のグラウンドであることを考えれば、この盗塁王は、とても価値がある。彼の場合は、ホームグラウンドでの約70試合に加えて、タイガース戦の10試合ほども甲子園球場という土のグラウンドで試合をしているからだ。

18年のセ・リーグを見ると、東京ヤクルト・山田哲人選手が33個で盗塁王を獲《と》り、2位にはわずか1つの差で田中広輔《こうすけ》選手（広島）がランクインした。田中選手は盗塁失敗が13個とリーグワーストなのだが、これはマツダスタジアムの影響も大きいはずだ。もし、田中選手が人工芝を本拠地にしていたら、どれほどの盗塁を記録できるのか、興味深い。

ホームランの出やすい、出にくい球場があるように、盗塁のしやすい、しにくい球場もあるのだ。

二塁ベース上にもストライクゾーンがある

盗塁をすべく、スタートを切り、二塁ベースを目指す。

捕手の送球を受けた野手と、走者のスライディングと一対一の勝負になるが、送球が二塁ベース上のどこに投げられてくるかで、セーフかアウトか、確率が大いに違ってくる。

私の場合は、スタートして二塁に向かって走りながら、野手が捕手からの送球をベース上のどのあたりで捕るかを判断し、それによってどこにスライディングするかを決めていた。

そのために、私は頭の中で、あらかじめ目の前にある二塁ベース上にストライクゾーンを想定していた。

つまりホームベース上に、ストライクゾーンが、上から内角高め、真ん中高め、外角高め、そして内角の真ん中、ど真ん中、外角真ん中、それから内角低め、真ん中低め、外角低め、とあるように、自分の中で二塁ベースも大きく9つに分けていたのだ。

大まかに言えば、走ってきたときにボールがセンター側である外角（外側）に行くか、捕手側である内角（内側）に行くかで、変わる。

もし、捕手からの送球が外角（外側）に行くと、私は逆である内角（内側）にスライディングをした。そして、内角（内側）にボールが行くと、今度は逆に外側（外角）にスライディングをした。

それに加えて、ボールの高低がある。

同じ外角に来ても、外角の高めに来るのと、外角の低めに来るのとでは違ってくる。

では、このコースの中で、最もセーフになるのが難しいのはどこかおわかりだろうか。

真ん中の低めになる。ここにボールが来たら、まずセーフにならない。

野手はボールをとってそのまま足にタッチができるからだ。むしろ、このコースに低いボールをきっちりと投げてくる捕手はすごいと言わざるをえない。

しかし、同じ低めのボールであってもそれ以外のコースであれば、セーフになる確率が少しだが高くなる。前述したように、逆側に逃げるようにスライディングすることによって、タッチをかいくぐれる可能性が高くなるからだ。

内角低め、すなわち一塁走者から見て左側（捕手側）に送球が来た場合には、うまくベースの右端に早くスライディングをすれば、タッチを避けることができる。

また、外角低め、すなわち右側（センター側）に送球が来た場合、二塁ベースの捕手側に滑り込めば、野手としては追いタッチ気味になり、セーフになる可能性が生まれてくる。

つまり、捕手から野手への送球がベースから左右にそれたり、前後になってくると、セーフになる確率は高くなってくる。

ただし、いずれも捕手からの送球がノーバウンドで来た場合である。

ボールがワンバウンドすると、一転して走者が有利になる。いくらいちばん低めにボールが来ても、それを捕る野手のグラブが一瞬だが上がってしまい、そこからタッチをするためにグラブを落とす時間ができる分、セーフになる可能性が出てくる。

二塁ベースの真ん中に投げられた場合は、ホームベース上であれば、ど真ん中のベストのボールなのだが、捕手の送球としては少しもストライクではない。ボールと滑り込んで

一塁走者から見た「二塁ベース上のストライクゾーン」

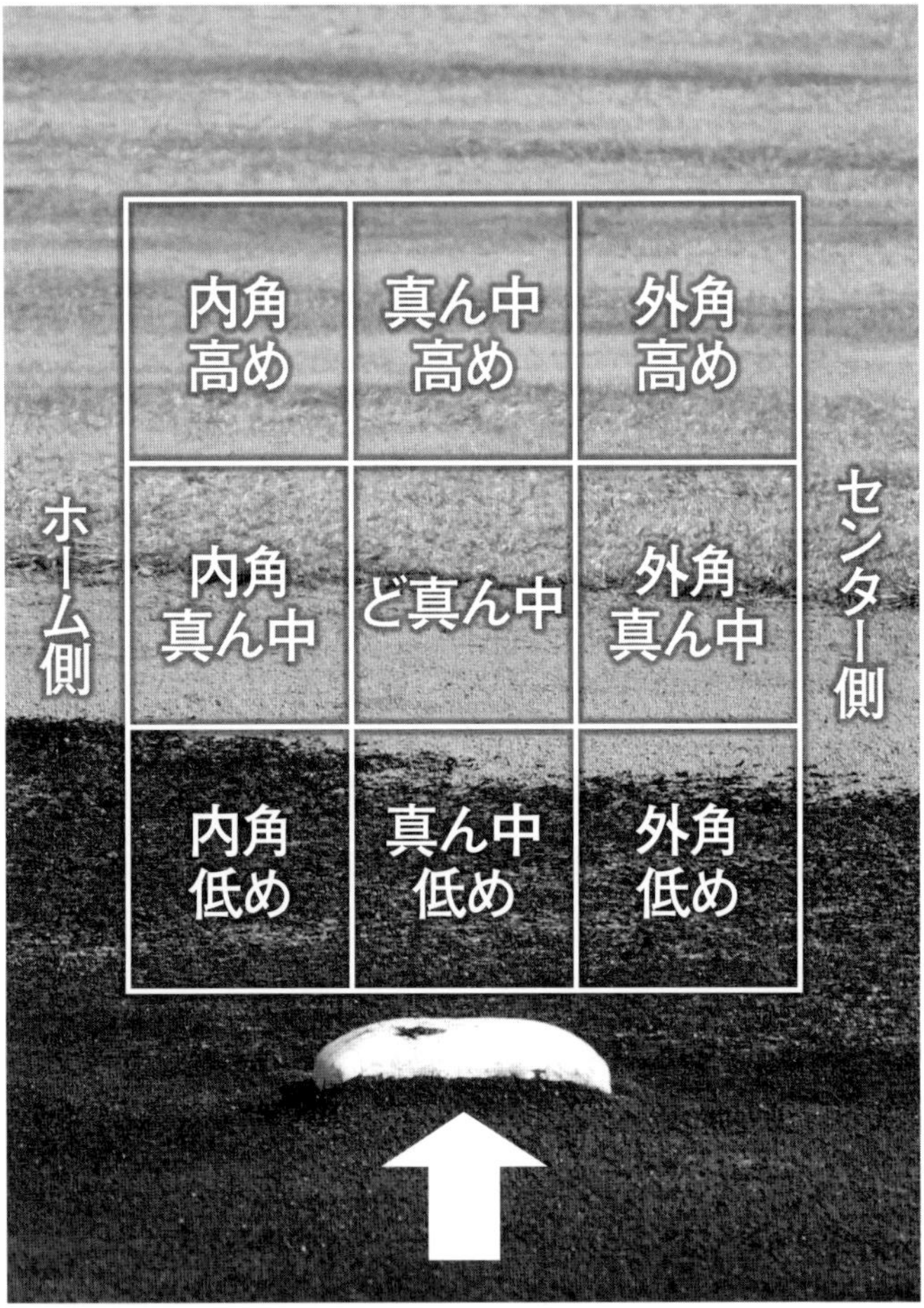

送球が高いほどタッチにタイムラグが生じるため、走者有利となる。また、内角に来たら外角に、外角に来たら内角にというように、逆サイドにスライディングしてタッチをかわしたい。

くる走者の足のあいだに空間ができ、スライディングの技術でセーフになる可能性があるからだ。また、高さが真ん中より高めだと、コースに関係なく、セーフになる可能性がさらに高くなる。

ただ、いずれにしても二塁ベースを目がけて必死に走っているから、二塁ベースのどのあたりに捕手からのボールが来るか、直前までわからない。

だから、なるべくベース直前、ギリギリでスライディングをする必要がある。直前だと、ボールが来た方向と逆方向に滑ることができるからだ。

二塁ベースにもストライクゾーンがあるという理屈がおわかりいただけただろうか。

究極のスライディング技術

前項で二塁ベース上にストライクゾーンを設定した。真ん中低めだとどうにもならないが、内角低めと外角低めに送球が来た場合は、スライディング技術でセーフにすることができると述べた。そのことをさらに説明してみたい。

内角低めと外角低めの差は、二塁ベースの左右どちらにボールが来るかの違いだ。野手がボールをホームベースよりの内角低めで捕れば、スライディングは逆側である外角低めのエリアにする。逆にボールがベースより奥（センター側）の外角低めで捕れば、スライディングは手前（ホームベース側）の内角低めのエリアにする。

しかし、それだけではなく、もう1つ上のレベルのスライディング技術がある。

一塁から二塁に向かって走っているときに、ボールがいちばん下の列に投げられているのはわかるが、手前（ホームベース側）で野手が捕るのか、奥側（センター側）で捕るのか、つまり内角低めなのか外角低めなのかそれとも真ん中なのかはわからない場合。

走者としてはボールが野手に届いたときに、瞬間的にボールの来た反対側にコースを変えようと、スライディングせずに、ギリギリまで送球がどこに投げられてくるのか見極めようとする。

こういうときに、野手の技術の差が出てしまう。捕手からボールが投げられると、野手はベース上にグラブを出して送球が来るのを待ち構える。

ボールが少し短くて、ベース手前でバウンドして前で捕れないとなったとき、初めて後ろの外角低めの位置でボールを捕る。そうすれば走者は逆側の内角低めへスライディングしていく。逆のボールが来れば、その反対側に滑る。

ところが、あまりうまくない野手がベースカバーに入った場合だと、状況が変わってくる。送球がショートバウンドするとボールを捕るのが難しくなるかもしれないと思い、どうしてもノーバウンドで捕ろうと前に出てしまう。ボールが来るのを待てずに、内角低めに先にグラブを出してしまうのだ。

前に出るから、二塁ベース上とその後ろの外角低めのエリアに隙《すき》ができる。そうすれば、走者はためらうことなく外角低めに滑り込んでいく。

これでは走者にボールの来る場所をわざわざ教えているようなものだ。しかも、ベース手前（ホームベース側）でボールを捕っているから、ベースの奥（センター側）にスライディングしていく走者に対して追いタッチにならざるをえない。必然的にセーフになる可能性が高くなる。

ところが、名手と呼ばれた井端弘和さんのような選手になると違ってくる。

二塁ベース上に構えたグラブは、絶対に動かさない。真ん中低めの位置で、ボールが来るのをずっと待っている。仮に送球が短くて、ベースの手前でショートバウンドしても、あわてずにグラブをそのまま真ん中低めに構えたままにして捕球する。野手が走者にタッチするベストポジションで、待ち受けるのだ。滑り込んできた走者は、あえなくアウトだ。

走者との駆け引きにしても、同様のことが言える。多少、捕手からの送球の方向がずれていても、グラブを真ん中低めの位置にそのまま置いておく。すると、走者は送球がそれているのか、真《ま》っ直《す》ぐ来ているのか判断できない。どちらにスライディングするか判断が

塁上でせめぎ合った井端弘和選手と著者。亜細亜大の先輩後輩でもある（著者が1学年下）。

つかないまま走ってくることになる。走者にすれば、「どっちなんだ」と迷わされるので、非常に厄介《やっかい》だ。

私も、何度も井端弘和さんのベースカバーとは対戦している。本当に走者泣かせの守備だ。どうにかして二塁手の荒木雅博選手がベースカバーに入らないかと思うのだが、2アウトでない限り、送りバントを警戒して、荒木選手はバントシフトで一塁ベースカバーに入る形になる。仕方なく、井端さんと対峙《たいじ》することになる。

そして、いざ走ると、やはり井端さんがベースカバーに入ってくる。グラブはしっかりとベースの真ん中の枠の位置で構えている。そうなると、走者の私はどちらにスライディングをすることもできず、真ん中勝負に出るしかない。

二塁ベースで、知られざる駆け引きが行われているのだ。

途中で盗塁をやめる技術

投手がモーションに入り、スタートを切る。しかし、タイミングがうまく合わなかったのか、どうやらスタートに失敗しているようだ。

瞬間、「あっ、これはヤバいかな」と思ってしまう。そう感じてうまくいくはずがない。

いわゆるスタートの失敗である。まるでマンガのように、頭の中で様々なことが駆けめぐる。

「このまま二塁に走っても、セーフかアウトか微妙だな」

「いや、確実に刺されてしまう」

その瞬間に、「この盗塁やめた」と判断するのだ。

スタートを切っているので、捕手は二塁に投げようとしている。急に盗塁をやめたからといって、それから一塁には投げられない。

その間隙《かんげき》を縫《ぬ》って、私は一塁ベースに戻っていく。

このように、スタートして3、4歩というあたりで急にやめて、一塁に引き返すことがたびたびあった。

しかし一、二塁間を13歩、3秒ほどで走るわけで、3、4歩目というのは、1秒にも満たない時間だ。

そこで判断しなければ、戻るには遅すぎて、一、二塁間に挟《はさ》まれてしまうことになる。

しかも、その歩数だと、スタートダッシュしてからトップスピードにちょうど引き上げたところだ。その状況で急停止するにも、それなりの技術が必要なのだ。スピードを全速力に上げているだけに、普通、なかなか止まれない。

ゴルフをしていてよく思うことがある。ゴルフはスイングに入ってしまえば絶対に振り抜かなければならない、のがれられないスポーツだ。途中で「あ、これは違う」と思っても、スイングはもう止められない。

ところが野球では、打席に立って投手の投げたボールを振りにいったときに、「思っていたボールと違う」と思えば、ハーフスイングで止めたり、ボールをカットしてファウルで逃げたりすることができる。ゴルフは残念ながら、ファウルで逃げるとOBだ。

そういう意味で、野球はいくらでも逃げられる、やり直しのきくスポーツだと思っている。打者はファウルで仕切り直しができるし、投手も「これは打たれる」と思えば、ボールを大きく外せば振ってこない。

盗塁も、途中で走るのをやめていくらでも次の球で再トライすることができる。むしろそのまま二塁に突っ込んでいっても厳しいタイミングになるのは目に見えているのだから、わざわざアウトになるのはプロとして失格だろう。

しかし、盗塁成功率の低い選手は案外、ダメだと思ってもそのまま二塁へ走ってしまっていることが多いのではないだろうか。

「行ったけれども、やめる」

そういう勇気も必要だと、私は思っている。

とはいっても、盗塁を途中でやめるためには、技術も必要だし、常にいろいろな状況を想定しつつ、準備しておかないといけない。

実際、私の知る限り、プロ野球選手でこのような技術を持っていたのは、私と井端さんくらいではないだろうか。井端さんの中日時代の後輩だった荒木選手もたまにやっていたが、彼はときどき進みすぎて戻れなくなったりしていた。

ところが今回、本書の企画で西川遥輝選手と対談をさせてもらい、彼が「盗塁を途中でやめる」という技術をすでに駆使していたことを知り、驚いた（238ページ参照）。高い盗塁成功率を記録しているいちばんの理由は、ここにあったわけだ。

この盗塁をやめる技術だが、ときどき勘違いされてとらえられていたようだった。これは盗塁をしたふりだけして投手に外させて打者のカウントを良くしたり、バッテリーを牽制したりするための「偽走（偽装スタート）」ではない。まったく別種のものだ。

スタートの時点では、本気で盗塁をするつもりで走り出している。この違いがわからない人が多かった。実況のアナウンサーでさえ、よく、偽走、あるいは、偽装スタートと言っていたようだ。

しかし、当時タイガースの監督をされていた岡田彰布さんはわかっていた。

「赤星は途中でやめられるのがすごいよ。行ってやめるのは、あいつぐらいしかおらんやろ」

たぶん、ほかの選手にはない感覚だったからだろうと思う。

「盗塁をやめる」という判断のタイミングが大事なのだ。少しでも遅いと、一、二塁間で挟まれてアウトになってしまう。

盗塁を途中でやめるのも、簡単に見えて実は難しい技術なのだ。

お尻でなく足で滑る

「スライディングはベースの直前でするもの」

それが盗塁を成功させるために重要なポイントであるということは理解してもらえたと思うが、これには3つの大きなメリットがある。

その第1は、スライディングを始める位置をベースにできるだけ近づけることで、ギリギリまでトップスピードで走れる点だ。最後までスピードが落ちない効果がある。スライディングをすればその瞬間からブレーキをかけたのと同じことになる。極端な話、一塁ベースに打者走者が駆け込むように、盗塁もベースを駆け抜けていいのであればこんなラクなことはない。

ベースの近くで滑るために、視線にも気をつけるようにしていた。言葉で表現するのなら「ベースの奥側を見る」。奥というのは、二塁ベースのセンター側の角である。ここに滑り込むような意識を持っておくと、必然的にスライディングを始める場所が近くなるのだ。脳というのは、視覚からの情報をいちばん受けやすいので、「どこを見るか」は非常に大事な要素となってくる。

第2は、ベースの近くでスライディングすることで、ベースにタッチする方向を変えられるメリットがある。ベースに近ければ近いほどスライディングの効果を発揮しやすい。前述したように、送球が低めの外側に来たら、内側にスライディングすることができる。

しかし、ベースカバーの野手がボールを捕った位置を確認する前に、スライディングし始めていると、方向を変えられない。相手のタッチを避けようにも、もう動けない状態になっている。ベースまで4~5メートルぐらいの場所からスライディングする選手がいるが、これなどは典型的な悪い例だ。

そして第3のメリットだが、これは意外かもしれないが、ベースに近づいてスライディングすることで、ケガが減るのだ。

私は現役時代、いろいろなコーチに何回も「スライディングが近いから危ない」と言われたことがある。「その距離からだと、ヒザをケガする」という注意だった。しかし、私は逆だと思っている。スライディングしている時間は、ベースに近ければ近いほど短い。むしろ遠くからスライディングすれば、滑っている時間が長くなり、ヒザを伸ばしたままの状態が長く続くことになる。

クロスプレーでその伸びたヒザの上に野手がおおいかぶさってきたりすれば、ケガをする可能性はむしろこちらのほうが高くなる。実際、私自身はスライディングで足をケガしたことは1度もなかった。

スライディングが近いからケガをするのではなくて、スライディングの練習をしていないからケガをしてしまうと言っていい。

スライディング練習というのは、スライディング技術を磨くというよりも、どこからどう滑り込めば痛くないかを覚えることだ。

今のプロ野球の世界では、ケガをするからといって、スライディングの練習をあまりさせない。これはまったく逆の話だ。ケガをしないためにこそ、練習をすべきなのだ。

それと、スライディングの練習をしているときに気づいたことがある。私のユニフォームはヒザから下しか汚れていないのに、あまりスライディングのうまくない選手のユニフォームを見ると、お尻から下がグラウンドの土で真っ黒なのだ。また、よく見ると、みんなの練習用ユニフォームはお尻のところが破れて繕《つくろ》ってあるのだが、それは私の練習用ユニフォームの破れているところと場所が違う。

スライディングは、私の場合はヒザで「バーン」という感じで滑る。そして、ベースに到達すると、スッと足を使って立ち上がる。だから、汚れるのも破れるのもヒザからふくらはぎのところだ。しかし、一般的には、お尻からズルズルっと滑っていく。だからお尻や太ももの裏側のところが汚れるし、破れる。

私のスライディングを写真で見ると、姿勢を高くして入っている。なぜなら地面に対して足が高角度で入っているからだ。前述したコース（196ページ参照）で言えば、いちばん下のインローとアウトローに足を持っていこうとするので、足の角度が下向きに入る。お尻からスライディングをすると自然に足が上がってしまう。そうなるとベース上の真ん中の列に足が行くので、本来であればタッチが遅れてしまうはずのコースに、自らタッチしてもらうかのように足を持っていってしまう。

盗塁に関することで唯一、実戦的な反復練習ができることと言えば、スライディングだけだ。練習しながら、足の入れ方はこのくらいの角度にしてとか、このタイミングならどうなるということを自分で体感しつつ、ケガをしない滑り方を覚えることが大切だと思う。

第8章

プロに学ぶスキル&バッテリー攻略法

～注目選手列伝～

スタートしてすぐにアウトかセーフかが自らわかる西川遥輝と山田哲人

走者対バッテリーの駆け引きによって、コンマ何秒の際どい戦いが繰り広げられる盗塁。ホームランや三振とはまた違った野球の醍醐味《だいごみ》がある。

本章は、こうした盗塁に関わる日本プロ野球界のプレーヤーをピックアップした列伝コーナーだ。次々と塁を陥《おとしい》れる足のスペシャリストや、それを阻止しようとする守備側の手ごわい捕手・投手を紹介。盗塁をめぐった攻防を見せる現役トップ選手ならではのプロフェッショナルな技術を解説していく。各ランナーからは、それぞれの卓越した盗塁スキルを学び取ることができる。また、バッテリーに対しては、その盗塁阻止力の秘密とともに、自分なりの攻略法も記したので、参考にしていただきたい。

まずは、ランナーだ。現役屈指の盗塁技術を持つのは、対談にも登場してもらった、北海道日本ハム・西川遥輝選手と断言して間違いない。2012年に一軍デビューして以降、18年シーズン末までの公式戦で、259回の盗塁企図《きと》数で226もの盗塁を成功させている。これほどまでに高い成功率を誇るのは、盗塁を途中でやめる勇気と感覚を持っているからだ。ほぼ全球スタートを切る中で、「アウトになりそうだな」と思ったら、3～4歩のところでストップして、自重《じちょう》する。私も同じような感覚を持っていたが、これがなかなかできないのだ。スタートを切ったところで、「これはいける！」と自分でわかってくれば、成功率は間違いなく上がっていく。

そもそも、ベンチから「グリーンライト（いつでも走っていい）」の権利を与えられていないと、盗塁を途中でやめることは難しい。いつでも走っていい＝走らなくてもいいわけで、より成功の確率が上がるタイミングを選択することができる。これが、ベンチからのサインによる盗塁になると、基本的には「ディス・ボール（次の球で走りなさい）」になるため、自重しにくくなるのだ。

また、本書の対談を通して感じた西川選手のすごみは、無意識の中で本能的にスタートを切っているということだ。バッティングに例えるのなら、ストレート狙《ねら》いの中で、「変化球にタイミングが合ったから打ちました」という感覚に近い。人間はよけいなことを考えすぎると、変な力みが入ってしまうもので、その力みによって一歩目のスタートが遅れる恐れがある。それが西川選手にはないのだ。

西川選手と同じような感覚を持っているのが、ここ4年で3度の盗塁王＆トリプルスリーに輝いている、東京ヤクルト・山田哲人選手ではないだろうか。

1度でも難しいトリプルスリーを、2015、16、18年と、3度も達成している山田哲人選手。

初めて盗塁王を獲得した15年以降の4年間で、盗塁成功111、失敗14（成功率8割8分8厘）というハイアベレージを誇る。山田選手ほどの足があれば、盗塁企図数がもっと増えても良さそうだが、確実にセーフになるタイミングを見極めて、スタートを切っているように感じる。

技術的に見ると、トップスピードに乗るまでの時間が短い。塁間は27・431メートルしかなく、リード幅やスライディングの距離を考慮すると、実質走っている距離は22メートルぐらいになる。いくら、50メートルや100メートルのタイムが速いとしても、この22メートルでトップスピードに乗れなければ、試合で使える足とは言えない。山田選手の場合は、中間走の速さで盗塁数を稼いでいる。

高い身体能力を生かした馬力型の盗塁が特徴の糸井嘉男

西川選手や山田選手とまったく違うタイプなのが、糸井嘉男選手（阪神）だ。正直、中間走は速く見えない。ストライドが広く、ラグビー選手のような迫力があり、擬音《ぎおん》であらわすなら「ボン・ボン・ボン・ドン！（スライディング）」といった感じ。一歩一歩のストライドから、糸井選手ならではの馬力の強さが伝わってくる。スピード型よりもパワー型で、競馬で例えるのなら、重馬場《おもばば》（水分を含んで走りにくい状態）にも強いタイプだろう。

私は、糸井選手が北海道日本ハムでプレーしているときから、「あれだけの足があるのなら、もっと走れる！」とずっと思っていた。

09年から14年にかけては、6年連続で打率3割、20盗塁以上、ゴールデングラブ賞というNPB記録を樹立した。

初めて「盗塁王」という勲章を手に入れたのがオリックス移籍4年目の16年で、成功53、失敗17（成功率7割5分7厘）という成績だった。それまで、年間の盗塁企図数の最高が42回（13年）であり、16年は企図数そのものが多い。このときのタイトルは35歳で獲得したものであり、史上最年長での盗塁王。強靭《きょうじん》な肉体を持つ糸井選手だからこそ達成できた偉業だ。

阪神に移ってからは17年が盗塁成功21、失敗6（成功率7割7分8厘）、18年が盗塁成功22、失敗3（成功率8割8分）と、オリックス時代ほどの数は走れていない。年齢的なものもあるだろうし、甲子園のグラウンド状況も関係しているのだろう。

個人的に思うのは、「これからは盗塁数にこだわらなくてもいい」ということだ。西川選手も話していたように、盗塁は体力的にかなりきつい。体の強い糸井選手といえども、19年には38歳になる。1年間、攻守両面で活躍してもらわなければいけない主力選手であるのだから、盗塁を仕掛けることによって、ほかのプレーに影響が出るようではチーム全体にとってマイナスになってしまう。

今の糸井選手に求めたいのは、盗塁数よりも成功率の高さ。少々、企図数が減ってもいいので、18年に記録した8割8分のように、「アウトにならない盗塁」を突き詰めていってほしい。

盗塁成功率にチームの特徴が見える田中広輔、野間峻祥《たかよし》、丸佳浩《よしひろ》

広島東洋カープの先頭打者として打線を引っ張る田中広輔選手は、17年に35個の盗塁を決め、入団4年目で初の盗塁王に輝いた。18年も32個の盗塁で、タイトルを譲った山田選手とはわずかに1個の差だった。

ただ、田中選手は盗塁の失敗が多い。18年、45回の盗塁企図で13回失敗しているように、プロ通算でも盗塁成功111、失敗55（成功率6割6分9厘）。先に紹介した西川選手や山田選手と比べると、成功率がかなり落ちる。田中選手は直線のスピードが爆発的に速いわけではなく、スタートやスライディングの技術で盗塁数を重ねているように見える。

チーム2位の盗塁数を誇る野間峻祥《たかよし》選手も、18年は盗塁成功17、失敗10（成功率6割3

分）という数字。

　また、19年から巨人でプレーする丸佳浩《よしひろ》選手（13年の盗塁王）も、カープ在籍最終年の18年は、盗塁成功10、失敗10（成功率5割）と、成功率が低い。マツダスタジアムが走りにくい球場であることを差し引いても、失敗数の多さは気になるところだ。

　実は、カープ全体の成功率がそれほど高くはなく、18年はリーグ4位の6割6分だった。一方で盗塁数はリーグトップの95個で、2位の阪神（77個）に大差をつけている。これが、カープ野球の面白いところだと思う。

　カープは16〜18年とセ・リーグ3連覇中であるが、17年に112個、16年にも118個の盗塁を決めている。いずれもリーグトップの数字で、盗塁数においてもリーグ3連覇中だ。伝統的に足を絡《から》めた機動力でプレッシャーをかける戦いをしていて、多少の失敗には目をつぶり、攻めの姿勢を貫いている。とくに若い選手は、試合でアウトにならなければ、盗塁の感覚が研《と》ぎ澄まされていかない。一塁にジッとしていたら、いつまでたっても盗塁数は増えていかないわけだ。

　だからこそ、18年の日本シリーズでは福岡ソフトバンクの甲斐拓也捕手に対しても積極果敢に攻め続けた。その結果が、6連続盗塁アウトとなり、甲斐捕手のMVPに逆の意味で大きく貢献してしまったわけだが……。日本シリーズに関しては、さすがに盗塁にこだわりすぎてしまったかなという印象だ。

長丁場のペナントレースであれば、先々を考えてそれもありだが、短期決戦となると、盗塁失敗によって相手に一気に流れが傾いてしまう。大きなリードでプレッシャーをかけたり、ヒットエンドランに切り替えたり、盗塁とは違うやり方で足を使ってみても良かったのではないだろうか。

今後の盗塁成功率に注目の中村奨吾、スタートセンスが光る源田壮亮

18年、パ・リーグで西川遥輝選手に次ぐ盗塁数をマークしたのが、千葉ロッテの中村奨吾選手だ。ルーキーイヤーからの盗塁成功数を見ると、15年＝4個（失敗4）、16年＝4個（失敗4）、17年＝11個（失敗3）、18年＝39個（失敗15）。昨年初めてフル出場を果たしたこともあり、盗塁数が飛躍的に伸びた。ここまで一気に数字が伸びる選手も珍しい。中間走はそこまで速くは感じないが、スタートの感覚に優れている。

24ページでも述べたが、千葉ロッテは18年に就任した井口資仁監督によって、積極的に走るチームに生まれ変わった。18年の盗塁企図数181個は、両リーグ通じて1位の数字だ。盗塁成功124、失敗57（成功率6割8分5厘）と、成功率は決して高くはないが、「ア

ウトになってもいいから仕掛けていく」という姿勢を植えつけた1年だったように思う。

中村選手は盗塁を仕掛け続けることによって、「このタイミングでスタートを切ったらアウトになる」という感覚が少しずつわかってきたのではないだろうか。それをつかめたのだとしたら、もう盗塁成功率が下がることは、まずない。数多く盗塁を試み、また刺された経験が、19年以降、必ず生きてくるはずだ。

18年のパ・リーグの盗塁数3位が、源田壮亮選手で34個。新人王に輝いた17年には37個の盗塁を決めていて、プロ2年間での通算は成功71、失敗18（成功率7割9分8厘）。源田選手の特徴は、スタートのうまさにある。源田選手の走るタイミングを見ていると、かなり高い確率でいいスタートを切っているのだ。「そのスタートで走るの？」ということがほぼない。ピッチャーのクセや配球の傾向を、かなり研究しているように感じる。

そして、源田選手が2年続けて安定して走れているのは、後ろに控えるバッターとの兼ね合いも大きい。18年までは浅村栄斗選手（19年から東北楽天）がいて、さらには山川穂高選手もいた。

バッテリーとしては、一塁走者・源田選手の足を警戒する中で、一発の力を持った強打者とも対戦しなければいけない。当然、ストレートだけでは打ち取れないわけで、変化球を混ぜていく必要が出てくる。そういった走者への警戒が薄れた状況で、スルスルとスタートを切るのが源田選手のうまさでもあるのだ。クイックが緩《ゆる》んだときや、変化球を投じるタイミングを狙ってスタートを切る。37ページでも解説をしたが、ライオンズの打線は走力と打力がうまいこと噛《か》み合っている。

走塁の判断力に長《た》けた平田良介には、盗塁数アップも期待

「盗塁」というくくりからは少し外れるが、ランナー編の最後に意外な選手を取り上げたい。18年、キャリアハイとなる打率3割2分9厘をマークした平田良介選手（中日）だ。平田選手と言えば勝負強いバッティングと、外野からの強肩が印象に残るファンが多いかもしれないが、プロの目から見ると、走塁の判断力にも長《た》けている。数字にあらわれない部分だけに、見落としがちなところではあるのだが……。

例えば、平田選手が二塁走者で、ショート、センター、レフトの中間地点にフライが飛んだとする。アウトカウントは1アウト。落ちるかどうかわからない当たりだけに、スタートするのを躊躇《ちゅうちょ》するランナーが多いのだが、平田選手はフライが上がった瞬間にスタートを切り、ホームを狙ってくる。そして、打球は3人のあいだにポテンと落ちる。

これは一例に過ぎないが、とにかく、打球判断が早くて的確なのだ。普通の選手であれ

ば1つの進塁で終わっているところを、2つ先まで進んでいる。

なぜ、こうした走塁ができるのか。その理由は2つあると考えている。

1つは、平田選手自身が持っている走塁センスのレベルの高さ。「この感じで飛んだら、ここに落ちる」ということが瞬間的にわかっているのではないか。

もう1つは、事前の準備力だ。投球が始まる前に外野のポジショニングをしっかりと確認し、打者の調子や投手との力量を頭に入れて、「こういう打球が飛びやすい」とシミュレーションしているはずだ。

私自身も、塁上にいるときは様々な準備をして、起こりうるプレーを想像していた。例えば、打席に鳥谷敬選手がいるとする。インコースを思いきって引っ張るのか、あるいはレフト線に流すのか。打球が飛んでから判断するのと、事前に予測をした中での判断では、一歩目のスタートが変わってくる。

実は、平田選手は外野守備におけるポジショニングにも優れている。打者が打った瞬間は「抜けたかな」という打球に対しても、落下点に近いところや飛んだコースに守っていることがけっこう多いのだ。

こうしたところからも、事前の準備に長けていることがわかる。

私が常々感じているのは、「守備と走塁はつながっている」ということだ。走者として塁上にいるときに、守備側の視点に立ってみると、「あそこに飛んだら、返球をするのが遅れる」「正面に飛んだら、ダイレクトにホームまで投げてくる」といった想像をめぐらすことができる。

いい選手ほど、守備の感覚を走塁に生かすことができ、走塁の感覚を守備に役立てることもできている。一方で足が速いのに、守備でのポジショニングや判断力が悪い選手というのは、意外に走塁が苦手だったりするものだ。

今シーズン、中日戦に行く機会があれば、平田選手の走塁に注目してみてほしい。とくに右中間、左中間が広いナゴヤドームで、判断力の高さが発揮される。

と、ここまでは褒《ほ》めておくが、最後に注文も1つ。これだけの準備力と判断力を持っている平田選手なら、投手のクセや捕手の配球を読むのは得意なはずだ。となると、盗塁をもっと決めることができるのではないか。18年までの通算盗塁数は37個で、キャリアハイは15年の11個というのは、ちょっとさびしい。18年は8個の成功、7個の失敗に終わっている。19年は、2ケタの盗塁数を目指してほしい。

168ページでもお話ししたが、私が考える「走」に優れた選手とは、「盗塁をたくさんしている選手」。盗塁と走塁は別のものではあるが、平田選手ほどの走塁センスがあるならば、盗塁の数ももう少し増やせるのではないかと期待している。

肩、握り替え、コントロールのすべてが備わった甲斐拓也の攻略法は、球種の読み

ここからは、バッテリー攻略法だ。まずは盗塁を刺すべく送球を投げる捕手だが、この選手に触れないわけにはいかない。

甲斐キャノン――。キャッチャーの送球に対して、こうした言葉がつけられたのは、福岡ソフトバンクの甲斐捕手が初めてではないだろうか。

私は解説者として試合を見るたびに、ふつふつと心の底から湧《わ》き起こる感情がある。

「甲斐キャノンと勝負したかった！」

日本シリーズでの6連続盗塁阻止は衝撃的だった。いくら、肩が強い甲斐捕手といえども、すべての送球をストライクで投げるのは難しい。驚いたのは、リック・バンデンハーク投手と組んだ第6戦だ。バンデンハーク投手は、ソフトバンクのピッチャー陣の中では投球フォームが大きく、クイックのスピードも劣る。カープとしては、「バンデンなら走れる」と睨《にら》んでいたはずだ。初回、一死一塁から田中広輔選手が盗塁を仕掛け、アウトともセーフとも取れる微妙なタイミングだったが、二塁塁審のジャッジはセーフ。ようやく盗塁が決まったかと思いきや、工藤公康《きみやす》監督がリクエストを要求し、審議の結果、アウトになった。

このとき、甲斐捕手は二塁ベースの一塁寄りにボールを投げている。そのため、ショートの西田哲朗《てつろう》選手が、走り込んできた田中選手の体にタッチすることができた。もし、三塁側に少しでもそれていたら、セーフになっていたはずだ。おそらく、ギリギリのタイミングだと思ったから、一塁寄りを狙ったのではないか。「肩」が注目されることが多いが、捕ってからのスピード、送球のコントロールともに一級品で、非の打ちどころがない。

ただ、私の現役時代にも、甲斐捕手の盗塁阻止率4割4分7厘（18年）を上回る6割以上の数字を残していた古田敦也《あつや》さん（元ヤクルト、元ヤクルト監督）や、握り替えのスピードがとてつもなく速かった谷繁元信さんがいて、何度も盗塁をめぐる対決をしていた。足がウリの私にとっては、「古田さんだから走らない」という選択肢はない。もちろん、無謀な盗塁を仕掛けることはしないが、消極的な気持ちになってしまったら、盗塁のスペシャリストとしての存在価値が薄れてしまう。

もし、甲斐捕手と対決していたら、どんなことを考えたか。大前提としては、西川選手と同様に「アウトにならないこと」を第1に考える。そのうえで見るのは、ピッチャーのクセと、甲斐捕手の配球のパターンだ。あるいは、捕球の構えによって、ストレートか変化球かわかるときがあるかもしれない。例えば、千賀滉大《せんがこうだい》投手にフォークを要求するときに、構えのクセは出ていないか。セオリーでいけば、フォークを投げさせるときに、アウトコースやインコースに体を寄せることは考えにくい。また、フォークであればワンバウンドする可能性があるので、盗塁成功のチャンスは広がっていく。

甲斐キャノンと真っ向勝負するのは難しいので、このようにしてなにかしらの隙《すき》を徹底して探る。改めて書くが、本当に勝負してみたかった！

フットワークに優れた高谷裕亮《たかやひろあき》、肩が武器の小林誠司《せいじ》と梅野隆太郎《りゅうたろう》から走るには？

さらに、ソフトバンクには高谷裕亮《たかやひろあき》捕手という優れたキャッチャーが控えている。18年の盗塁阻止率は、甲斐捕手に次ぐ、3割8分5厘。リーグの1位、2位を同一チームの捕手が占めるのはなかなか珍しいのではないだろうか。

高谷捕手のすごさは、フットワーク、ミットの使い方の巧みさにある。ワンバウンドが来ても、内野手のようにシングルハンドでさばいて、サイドスローで二塁に素早く放る。捕ってからの握り替えは、甲斐捕手に匹敵《ひってき》する技術を持つ。

これは内野手や外野手にも言えることだが、いつもいい体勢で投げられるわけではない。ときには体勢が崩《くず》れた中でも、投げなければいけないときがある。ある意味では、十分な体勢のときにストライク送球できるのは当たり前で、技術を求められるのは悪い体勢のときだ。そういった意味で、高谷捕手は体勢が崩れていても、二塁ベース上で勝負できるボールを投げてくる。

とはいえ、そんな高谷捕手であっても10回に6回は盗塁を許しているので、走るチャンスは十二分にある。私がランナーであれば、高谷捕手と対決する以前に、ピッチャーのクセを盗んだり、配球を読んだりして、より成功率が上がる状況でスタートを切る。高谷捕手の肩はそこまで意識をしないだろう。

西川選手は、私との対談の中で「武田投手のカーブのときに走ったが、高谷捕手に刺された」と話していた（239ページ参照）。あのときは、高谷捕手が素早い握り替えで二塁へストライク送球を決めたわけだが、ここまで守備側のプレーがはまることもめったにない。カーブのタイミングを読みきって走った西川選手の判断は間違ってはいない。

100％の成功率を目指してはいるが、守備側が完璧《かんぺき》なプレーを見せればアウトになることもある。それでも、走者としてはセーフになる根拠を持って走ることが大事で、その積み重ねが盗塁数を増やし、成功率を高めることにつながっていく。

続いて、セ・リーグに目を移す。ソフトバンクの2人に肩を並べる捕手がいるか……と問われると、残念ながら疑問符が浮かぶ。筆頭候補は18年、盗塁阻止率リーグトップの3割4分1厘をマークした小林誠司《せいじ》捕手（巨人）になるが、肩は強い一方で捕ってから投げるまでのモーションが大きく、ランナー視点からはまだまだ隙が見える。

走者からすると、小林捕手の強肩に目が行きがちで、それがスタートの切りづらさにつながっているところもある。しかし、1つひとつの動きを見ていけば、捕球から送球の流れに課題があり、甲斐捕手と比べると、まだ差があると言わざるをえない。投手との駆け引きの中で、走れる状況を冷静に見極めていくことによって、成功率を上げていけるはずだ。19年から炭谷銀仁朗《すみたにぎんじろう》捕手が加わり、レギュラー争いが熾烈《しれつ》になる。小林捕手は毎年、期待されている選手だけに、19年こそ不動のレギュラーとして当たり前のようにスタメンマスクをかぶる存在になってほしい。

梅野隆太郎《りゅうたろう》捕手（阪神）はリーグ2位の盗塁阻止率3割2分を記録したが、捕ってからの握り替えに改善の余地がある。肩は強いだけにここがより改善されていけば、盗塁阻止率はもっと上がっていくのではないだろうか。走者の視点からすれば、小林捕手に対する考え方と同じで、強肩のイメージに惑わされないこと。ピッチャーを分析することで、走れる状況が整っていくはずだ。

特徴を褒《ほ》め称《たた》えた甲斐捕手と高谷捕手に比べると、セ・リーグの2人に対しては辛口の批評になってしまったが、どちらも「強肩」という捕手にとって必要不可欠な要素は持っている。今後、盗塁阻止率がどのように変化していくか注目していきたい。

球界一の牽制《けんせい》・クイック技術を持つ西勇輝から盗塁するには、打者の協力も必要

走者、捕手ときて、最後は投手だ。捕手がどれだけ肩が強くても、投手のクイックが甘ければ、盗塁を阻止することはできない。

私自身が一塁に出塁したとして、「現役のピッチャーで誰が走りにくいか」という視点で考えると、真っ先に頭に浮かぶのが西勇輝投手だ。牽制《けんせい》のターンのスピードが抜群に速く、クイックも速い。セットポジションでの間《ま》の作り方もうまい。

西川選手と同じ考えになるが（234ページ参照）、クイックが少し甘くなるところを突いて、二塁を狙うしかないだろう。ただ、そのためには打者からのプレッシャーが必要になる。少しでも甘い球が来たら一発放り込むようなプレッシャーを、西投手に与えることができるか。打者7、走者3ぐらいの意識になってくれれば、つけいる隙が生まれてくる。ランナーだけでどうにか走ろうとしても、西投手クラスになると、さすがに難しい。

それだけのレベルの技術を持つ西投手が19年から阪神に移籍してきたことは、OBとして非常に楽しみだ。ベテラン、若手問わず、西投手の牽制やクイックを間近で見ることができ、それによってピッチャー陣全体のレベルアップが期待できる。研究熱心な西投手の

ことだから、「もうちょっとこうしたら牽制が良くなるよ」という視点も持っているだろう。

また、捕手出身の矢野監督になることで、牽制やクイックの重要性が今まで以上に伝えられていくはずだ。チームには梅野捕手がいるので、投手が牽制やクイックを磨いていけば、阪神の盗塁阻止率は間違いなく上がっていくだろう。

そして、チーム内の走者側への効果もありそうだ。野手陣も西投手の高度な技術を間近で見たり、キャンプなどでの走者をまじえた投内連係の練習や紅白戦でランナーとして対峙《たいじ》したりする機会もあるはず。走るには高いハードルだが、そんな中で鍛えられ、盗塁技術が向上していくこともある。西投手加入によるプラスアルファに、大いに期待したい。

プロ入り以来1度も牽制をしない山﨑康晃《やまさきやすあき》に対しては、「ツーシーム」で走る

横浜DeNAのクローザー・山﨑康晃《やまさきやすあき》投手は、プロ入り以来1度も牽制をしていないピッチャーとして、密《ひそ》かに知られている。初めてこの話を知ったとき、正直に言えば、耳を疑った。そんな投手がいるのか……と。よほど、クイックに自信があるのだろう。あるいは、走られたとしても、「打者を抑えればいい」と思っているのか。

解説者として思うことは、「ランナーは山﨑投手からもっと走れる」ということだ。な

ぜなら、西投手ほどのクイックのうまさは持っていないからだ。DeNAの捕手陣も、そこまで阻止率が高いわけではない。牽制が1度もないとなると、逆に「どこかで牽制が来るのかも」と不安になりそうだが、そこは投手の動きに集中しておけば、牽制が来たとしても対応できる。

大事なことは、どのタイミングで走るかだ。山﨑投手の武器は、本人が「ツーシーム」と呼んでいる落ちるボールにある。私からすると、どう考えてもツーシームには見えず、フォークやシンカーに近い落ち方に感じる。落ちるボールとなれば、キャッチャーは捕りづらいし、投げづらい。ランナーとしては、このタイミングで走るのがベストとなる。

クローザーの山﨑投手が出てくる場面を考えたら、対戦チームとしては最終回に1点か2点負けている場面。ノーアウトや1アウトで一塁に出塁したとしても、ここで盗塁を失敗したら万事休す。１００％に近い自信がなければ、スタートを切ることはできない。

とはいえ、連打は期待できない好投手であり、どうにかして若いアウトカウントのうちに二塁を陥《おとしい》れたい。あのツーシームをどのタイミングで投げてくるのか。捕手の構えにクセはないか。セットポジションの秒数に傾向は出ていないか。私であれば、走る隙を見つけるためにとことん研究する。

ここでちょっと、考えてみてほしいことがある。もし、山﨑投手が「ツーシーム」では

山崎康晃投手の決め球・ツーシームは、指を縫い目に沿わせて浅く挟《はさ》むような握りで投げる。

なく「フォーク」と呼んでいたら、走者はどう感じるか。「走るなら、フォークで仕掛けよう」と思うはずだ。もしかしたら、「ツーシーム」と呼ぶことで、盗塁への勇気を失わせているのかもしれない。大学時代に先輩から教わった呼び方を続けているのが真相らしいが、そういったイメージも含めて「ツーシーム」と公言しているなら、山﨑投手はなかなかの策略家と言える。

名セットアッパー・浅尾拓也から走るには、フォークのワンバウンド頼み!?

フォークつながりで話を広げていくと、フォークを投げるタイミングだけを狙《ねら》って走っていた投手がいる。それが、18年限りで引退した元中日のセットアッパー・浅尾拓也投手（現中日二軍投手コーチ）だ。牽制とクイックの速さは、西勇輝投手に匹敵すると言っていいだろう。とにかく速かった。限りなく現役プレーヤーに近いということで、本章最後に触れさせていただく。

私が現役時代、浅尾投手と勝負をするタイミングは、終盤の8回。しかも、彼がマウンドにいるということは、中日がリードしている展開だ。出塁したとしても、ビハインドの状況で走るのには勇気がいった。さらに言えば、黄金期の中日の捕手は谷繁元信さん。浅尾ー谷繁のバッテリーから盗塁を決めるのは、至難の業《わざ》だろう。

ただ、だからといって100％無理なわけではない。唯一の隙が、浅尾投手が武器にするフォークだ。決して球種が多いピッチャーではなかったので、1人のバッターと対峙するときに、どこかでフォークを投げてくる。谷繁さんの配球を読んで、そのタイミングが来るのを待った。

スタートを切った瞬間に、願ったことが1つある。

「フォークがワンバウンドになってくれ！」

大げさではなく、心の中で願いながら走っていた。いくら谷繁さんといえども、ワンバウンドのフォークになると、送球に移るまでに時間がかかる。こうした状況が揃《そろ》わなければ、盗塁を決めるチャンスがなかった。

とはいえ、浅尾投手から盗塁を決めた記憶はほとんどなく、そもそもスタートを切った回数も限りなく少なかったのではないか。快速球とフォークが注目されたピッチャーだったが、足が武器の私のような選手からすると、やはりなにより脅威《きょうい》に感じたのは、牽制とクイックだ。もちろん、球に威力があったことは言うまでもないが、ランナーを釘《くぎ》づけにして、簡単に盗塁させないテクニックも備えていたからこそ、長きにわたりセットアッパーとして活躍し続けることができたのだろう。

特別対談 後編

赤星憲広×西川遥輝

バッテリーに勝つための盗塁術

盗塁のスペシャリストの目で見た対戦相手

「西投手の牽制《けんせい》やクイックは球界トップクラス」──赤星
×
「初めて意識したキャッチャーが甲斐捕手」──西川

赤星　今はプロ野球全体でクイックのレベルが上がっていると思うけど、走りづらいと感じるピッチャーはいる？

西川　２０１９年から阪神に移った西（勇輝）さんですね。とにかく、牽制《けんせい》のターンのスピードがめちゃくちゃ速い。それでいて、クイックのスピードも速いんです。あのクイックをされたら、スタートを切るのは無理ですね。西さんから走るとしたら……、クイックが緩《ゆる》んだときしかチャンスはありません。西さんといえども、全球、完璧《かんぺき》なクイックをするわけではないので、少し余裕を持って足を上げたときにスタートを切る。すべての球に対して、スタートのタイミングをはかっているので、「行ける！」と思ったときは、そのまま二塁に走るようにしています。

赤星　西投手は、牽制やクイックが本当にうまいよね。球界トップクラスと言って間違いないでしょう。おそらく、牽制が速いピッチャーというのは右投手が多いんじゃない？

西川　そうですね、右のほうが速いです。左投手は、どのピッチャーも「だいたい一緒」という感覚です。

赤星　そう、牽制のパターンが同じようなことが多い。左投手で言うなら、僕の対戦経験の中でそのあたりのレベルの高さを感じたのは、巨人の内海《うつみ》（哲也）投手（現埼玉西武）かな。間《ま》のとり方がうまかった記憶がある。クイックをしたりしなかったり、首の動きを変えてみたり、同じリズムにならないように工夫をしている。クイックをしないときに投げるカーブを読んで盗塁を仕掛けるなど、いろいろと駆け引きをしていた記憶がある。西武に移ったから、西川君との対戦も増えるでしょう。「西川VS内海」はファンのみなさんも、ぜひ注目してほしいね。

西川　まだ1回ぐらいしか対戦したことがないので、自分も楽しみです。

赤星　あとは、18年のシーズンのことを振り返ってみると、「西川VS甲斐拓也（福岡ソフトバンク）」が注目されたよね。西川君の18年の3回の盗塁失敗のうち、2回が甲斐捕手だったそうで。

西川　そうなんですけど、そこは声を大にして言い訳させてください（笑）。ペナントレースでは、甲斐捕手から6回走って、4回成功しています。

赤星　失敗は2回か。

西川　その失敗も、1つはフルカウントからの自動的なエンドランで、打席に入っていた近藤健介がまさかのど真ん中見送りで、三振ゲッツー。もう1つは、自分が飛び出してしまって、投手からの送球で戻りきれずにアウトになったものです（記録は盗塁失敗）。

赤星　自分としては、それらはノーカウントで、純粋な盗塁は4分の4の成功だと（笑）。

西川　そういうことにしてほしいです（笑）。とはいえ、甲斐捕手は本当にすごいですよ。僕は今まで、盗塁でキャッチャーを気にしたことが一切なかったんです。自分がいいスタートさえ切れれば、どんなキャッチャーでもセーフになると思っていたので。でも、甲斐捕手の場合は、スタート、スピード、スライディングのすべてが完璧に揃《そろ》わなければセーフにならなくて……。

赤星　西川君がそこまで言うんだからすごいんだね。

西川　ええ、この3要素が1つでも欠けたらアウトになりますね。

赤星　クライマックスシリーズ（CS）の第2戦では、盗塁のスタートを切ったけど、途中で一塁に戻り、そこを甲斐選手に刺されるというシーンもあったよね。あれは、どういうプレーだったの？

西川　最初にお話ししたように、僕は「やっちゃえ！」という考えが大嫌いなので、リスクを背負ってまで盗塁はしません。とくにペナントレースでは。

対談で2人は、スタートやスライディングに関して、プロならではの深い技術論を交《か》わした。今後の西川遥輝選手に対してかける著者の期待も、大きいものとなった。

赤星　でも、短期決戦では気持ちも違ってくると。

西川　ええ、クライマックスシリーズでは、その考えだけではなかなか勝負にならないので、「行っちゃえ」の気持ちで勝負して、スタートを切ったんです。でも、これはヤバいと思って、途中でやめました。ただ、あそこから一塁に戻ったとしても、普通のキャッチャーは二塁に投げるんですけどね。あのタイミングから一塁に送球してきた甲斐捕手は、さすがです。

赤星　なるほど。キャッチャーが良くて、芝が長いヤフオクドームでの試合となると、ますます盗塁を決めるのが難しいということになるよね。

変化球のタイミングでの盗塁

「武田投手のカーブで走ったのですが、刺されました」―西川

×

「一塁から捕手のサインを見て、変化球かどうか解読した」―赤星

赤星　ソフトバンクのバッテリーとの対戦で考えたときに、「これは走りにくい」というピッチャーとなると誰の名前が挙がる？

西川　そうですね、武田（翔太）投手ですね。意外とクセ者なんですよ。武田投手は頭が

いいし、牽制も素早い。野球とは関係ないけど、絵もうまいんです（笑）。本当にいろんなことができる男です。

赤星　いわゆる、センスがいいタイプ。遊び心もありそうだよね。

西川　駆け引きがじょうずですね。18年は1度、牽制で刺されました。

赤星　そうなると、武田投手から走るとしたら、あの大きなカーブを投げるタイミングで行くしかないかな。

西川　それがですね……、18年に3つの盗塁失敗があった中で、そのうち2つは先ほどお話しした甲斐捕手との対決だったんですけど、残りの1つは高谷（裕亮）さんに刺されたものです。ピッチャーは武田投手でした。18年の盗塁で唯一、「セーフになる！」と思ったタイミングでスタートを切ったのに、刺されました。

赤星　それは興味深い。

西川　カーブが来るのを読んで、カーブのときに走ったんです。武田投手の投球を高谷さんが捕って、そのまま二塁へ。送球はショートバウンドだったんですけど、セカンドからカバーに入った川島慶三《けいぞう》さんがうまく捕って、そのまま僕の足にタッチ。あれには、やられました。

赤星　リクエストはなし？

西川　なかったですね。というより、もう自分でアウトだと思いました。

赤星　僕は、見えるときは一塁からキャッチャーのサインを見て、変化球かどうかを解読していたんだけど、西川君はどう？

西川　あまりやらないですね。また西さんの話になりますけど、西さんは右手にボールを持ったままキャッチャーのサインを見ているので、ちょっとでも油断すると牽制で刺されます。

赤星　マウンドからランナーを見ていて、「キャッチャーに意識が向いているな」と察知すると、牽制してくるんだね。

西川　そうです。西さんは、ランナーがリードするときの足の運びをビデオで確認して、「このタイミングで牽制をすれば刺せる」と研究しているらしいんですよね。本当にすごいです。

赤星　彼はオタクだからね（笑）。研究熱心。甲子園球場が本拠地になると、今まで以上に走られないんじゃないかな。キャッチャー次第にもなるけど、梅野（隆太郎）の肩もいいからね。

西川　対戦があるとしたら交流戦ですが、西さんが投げている阪神戦は、走るのがかなり難しくなると思いますね。

盗塁数をどこまで伸ばせるか？

「あと20盗塁は増やすことができるでしょう」――赤星 × 「10個失敗してもいいのなら、80盗塁は行けます」――西川

赤星　ちょっと視点を変えた質問をするけど、同じスピードタイプの中で、「この選手の盗塁はうまいな」と感じる選手はいる？

西川　セ・リーグは詳しくわかりませんが、パ・リーグであれは埼玉西武の金子（侑司）さんですね。スライディングが強い。速いというより強いです。それも驚異的な強さ。僕の知る限りでは、現役選手の中でいちばん強いと思います。リード幅が広いのも特徴です。

赤星　16年の盗塁王の金子選手か。確かにそのイメージはあるね。もともとの脚力があるうえに、スライディングが強いので、盗塁王を獲《と》れるということか。

西川　僕はまだ、金子さんほどの強いスライディングができていません。けっこう、毎回バラバラになってしまうんです。札幌ドームでベースを越えてしまったように、まだ課題があります。

赤星　僕が見ている中では、セ・リーグでは山田哲人選手の技術が高い。おそらく、西川

君と同じように、アウトにならないタイミングを見極めて勝負するタイプだね。全部は行かないというか、ある程度は自重しているように見える。18年の盗塁数は33個だけど、企図《きと》数が37回と、決して多くはないでしょう。

西川　あれだけ打つバッターですし、さらに盗塁もとなると体はきついと思いますね。僕も、盗塁がいちばんしんどいです。

赤星　西川君は、18年が盗塁44個。もっと走ろうとしたら、2倍まではいかないけど、あと20個は行けるでしょう。でも、そこまで走るとケガの可能性も出てくるだろうし、体力的な問題もある。「盗塁数を増やす」というのは、ただ走ればいいだけではないので難しい面もあるよね。

西川　おっしゃるように、盗塁数だけを考えるなら、もっと行けると思います。「10個アウトになってもいいよ」という約束を先にもらえたら、80盗塁は行けるんじゃないですか(笑)。

赤星　アウトカードのような(笑)。

西川　はい、そういうのがあればいいですよね(笑)。まあでも、自分は盗塁に関して、真剣に考え出したのが本当にここ数年で、今まであんまり興味を持っていなかったんです。

赤星　でも、そういうものだと思うよ。僕もプロに入るまでは、「走ったらセーフ」と思っていたので、あんまり考えずに盗塁を仕掛けていた。大学時代も、4年間でアウトにな

2018年6月に通算200盗塁を達成した西川遥輝選手。この年、226盗塁まで伸ばした。

ったのが2つぐらいで、社会人でもほとんど刺されていない。プロ野球に入って、多くの人に足を注目してもらうようになってから、いろいろと意識して、考えるようになったから。プロでも、コーチから盗塁について教わったことは1度もない。自分から聞いたのも、世界の盗塁王・福本豊さんに質問したときだけ。「どういうふうにスタートを切っていたんですか?」と聞いたら、「背中に出てるやん。ピッチャーの背中を見れば、わかるやろ」。って。この人は、なにを言っているんだろう、と(笑)。

西川　ホームに投げるかどうかの気配が見えるってことですよね?

赤星　そう! さすがだね(笑)。僕も、聞いたときは意味がわからなかったけど、キャリアを重ねるうちに、なんとなくわかってきた。神様に近づけたかなと思ったりしてね(笑)。

さらなる進化に向けて――

「盗塁のために、自分のことはめちゃくちゃ考えますが、配球は…」―西川

×

「西川君が年齢を重ねて、どう進化していくのか楽しみ」―赤星

赤星　西川君は、盗塁について教わったコーチや監督はいるの?

西川　いちばんの影響を受けたのは、三木(肇《はじめ》)コーチ(現東北楽天二軍監督)です。フ

ァイターズで新人のときからファームでずっと見ていただきました。自分は、足が特別速いわけではなかったんですけど、若いときにどうやって試合に出られるかを考えたら、足を生かすことがなにより近道だな、と。三木さんに盗塁の技術をイチから教わって、それが原点になっています。

赤星　そうなんだね。今回、西川君と初めてと言っていいぐらいじっくりと話をさせてもらって、正直、もっといろんなことを考えているのかなと思ったんだけど、感覚重視のところもけっこう多いよね。

西川　盗塁のために、自分ができることに関しては、めちゃくちゃ考えます。でも、ピッチャーのクセを研究したり、配球を読んだりというのは、まったくと言っていいぐらい考えていないですね。

赤星　それで、これだけの記録を残せているんだからすごいわ〜(笑)。

西川　いえ、考えるのに向いてないんじゃないかな、と思ってるんですよ(笑)。さっき、武田投手のカーブで走ったという話をしましたが、配球を読んでスタートを切ったのはあの1回だけです。しかも、それでアウトになったので、「やっぱり、俺はこういうのダメだわ」と思いました。もう、配球は読みません(笑)。

赤星　今の話を聞いていて感じたけど、だからいつもいいスタートが切れるんだろうね。

考えるよりも前に、自然体で本能的にスタートが切れている。そこが、最大の特徴かもしれない。ただ、西川君がこれから年齢を重ねていったときに、若いころと同じようには体が動いてくれなくなるときも出てくるだろうから、そのときにどう進化していくのか。そこを楽しみにしたいね、長く走り続けてほしいので。

西川　はい、ありがとうございます！　盗塁を究《きわ》めた赤星さんとお話ができて、有意義な時間になりました。やっぱり、わかっている方と話すのは本当に楽しいです。

赤星　こちらこそありがとう。盗塁王、期待しているよ。ケガには気をつけて頑張って！

第9章

ランナー目線で広がる視野

～真の機動力野球のために～

すごい2番打者でチームが回る

盗塁ができる選手が1番打者にいたとして、その能力を生かすも殺すも、2番打者次第だと私は思っている。

仮に1番打者が出塁して盗塁を狙《ねら》い、抜群のスタートを切ったとして、2番打者がバットにボールを当ててしまえば、絶対セーフだというタイミングだったとしても、盗塁は成立しない。

その点では、盗塁は後続の打者の自己犠牲があったうえでしか成り立たない。盗塁を成功させるために、打ってはいけないときがあるわけだ。

阪神で現役生活を送った私の場合も、2番打者に関本賢太郎という選手を得ていなければ、通算381個の盗塁ができてはいなかったと思う。

まず、私と関本選手の場合は、なによりもコミュニケーションを大事にした。走者として塁に出てしまえば、打者と言葉を交《か》わすことはできないので、アイコンタクトでお互いの意志が通じる、以心伝心の関係を築いておく必要がある。

2人で1、2番を組むようになってから、まずは、私が一塁走者で、打席に関本選手が入っているときの、相手バッテリーの配球をスコアラーに出してもらった。それを見て、このカウントのときは走るのか、打つのかなどを相談し、お互いの考えをすり合わせていった。そこから長年にわたって、1、2番コンビを組んだので、私の気持ちを痛いほどに理解してくれていた。

2008年のシーズン最終戦、私は盗塁王がかかっていた。試合の中盤に1個成功させて、もう1個しなければいけなかった。ゲームの終盤になって私が走者に出たときに、関本選手は、私を走らせるために空振りしてくれた。しかし、実は、この打席、関本選手もあと1本ヒットを打てばプロ野球生活で初めて規定打数で3割に達するという大事な打席だったのだ。自分の記録を犠牲にしてまで（2割9分8厘でシーズン終了）、人を走らせることなど、はっきり言って誰にでもできることではない。これが彼のすごさの1つだ。結局、私はこの年、盗塁王・福地寿樹《かずき》選手（元東京ヤクルトなど、現東京ヤクルト二軍外野守備・走塁コーチ）の42個に1つ及ばなかったのだが、関本選手には大いに感謝している。

また、彼は人間的に素晴らしいだけでなく、技術的にもすごいものを持っていた。

私は一塁に出ると、基本的には1、2球目、早いカウントで走るようにしていた。今日は状況的にも走らなければというときは、関本選手にも「セキ頼む、1球待ってくれ」と頼んだ。そうなると彼は、初球や2球目に絶好球が来ても手を出さない。ストライクを1

つ、2つ、相手の投手にみすみす取られるわけである。

私が走って、成功して、二塁に進めたとしても、彼は0ボール2ストライクからしか始められない。打者としてかなり不利だ。

しかし、彼は厭《いと》うことなくやってくれた。たとえ0ボール2ストライクと追い込まれても、不平を言うことなく、彼は投手と勝負した。

また、一塁ランナーの私が走るときに、彼はアシストするために空振りをしてくれるのだが、ときどきこんなことがあった。

一塁に私がいて、ベンチからヒットエンドランのサインが出た。私はヒットエンドランが崩《くず》れても二塁でセーフになるようなスタートをしていたが、とくにその日のスタートは完璧《かんぺき》だった。すると、関本選手はヒットエンドランのサインにもかかわらず、わざと空振りをしてくれたのだ。私のスタートがあまりに良かったので、確実にセーフになると思ったからだ。

投手と真剣に対決しながら、しかも走者のスタートをしっかり確認し、盗塁できると思い、バットにわざと当てずに空振りする。

これは、かなり高等な技術だ。並の打者ではできない。

ベンチにすれば、「ヒットエンドランで空振りしやがって、走者がアウトになっていたらどうするんだ」と思っていたかもしれない。しかし、逆である。走者がセーフになるのがわかっていたから、空振りしたのである。

私も関本選手が誤解を受けないように、ベンチに戻ったときに「わざと空振りしてくれて助かった」ということをアピールするようにしていた。

また、これは本当に申し訳ないな、ということもあった。

前に述べたように、私は一塁から盗塁しようとスタートしてから、無理だと思ったときには途中で盗塁をやめて戻ることがあった。打席にいる関本選手からすれば、私が走ったと思い、アシストするために空振りをしてくれる。ところが、私は「やめた」と戻っているのである。関本選手はムダな空振りをしてしまい、ストライクを1つ損してしまう。

私はこうした関本選手の献身的なサポートを、ある年の契約更改の場で球団の方に伝えたことがある。

「僕がここまで盗塁できたのは、セキのおかげです。甘い球が来ても、自分が盗塁するまで我慢して、バットを振らないことが何度もありました。盗塁を待ってから、右方向に進塁打を打っていたのはセキならではの技術です。だから、あいつの凡打も評価してあげてください」

その後、契約更改を終えた関本選手が、私に会うなり、こう言ってきた。

「赤星さん、ありがとうございました。初めは、自分で『赤星さんの盗塁をどれだけ助けたのかわかりますか?』と言おうと思っていたんですけど、先に赤星さんに言っていただいて助かりました」

振り返ってみれば、日本一の盗塁王の福本豊さんも、大熊忠義さん(元阪急)というすごい方と1、2番コンビを組まれていた。

福本さんの作った数々の記録は、大熊さんのアシストなしにはできなかったはずだ。それと同様、私にも関本選手がいなければ盗塁王にはなれなかったと思う。

関本選手には本当に感謝しているとともに、あれほどすごい2番打者は他球団を見渡してもいなかったという思いを強くしている。

1000回の素振りより10時間の研究

01年の入団1年目のとき、阪神の監督は、野村克也さんだった。

体も小さく、バッティングも非力と言われていた私だったが、「足があれば、同点の9回裏に代走で使う」と言って、野村さんはスカウトの反対を押しきってドラフトで指名してくれた。

社会人野球のときに、シドニーオリンピックの指定強化選手に選ばれ、タイガースのキャンプでプロの選手と一緒に練習させてもらったときに私を見て、足に注目してくれたのかもしれない。

入団してさっそく、野村監督の長時間にわたるミーティングの洗礼を毎日受けた。野村さんは「タイガースの選手だけは、自分の野球の見方を理解してくれなかった」とボヤかれているが、確かにあの頃の阪神には、野球を深く考えていた人はあまりいなかったように思う。

しかし私は、監督が毎日話してくれる内容が、面白くて仕方がなかった。「へー、そうなんだ」という驚きの連続だった。ときには難しい話もあったが、監督の言わんとしていることは理解できた。

監督の話を聞いて初めて、捕手目線というものを理解した。

盗塁は、走者が投手と捕手を相手に戦うものである。そこで、捕手目線から物事を見ることを覚えれば、走者にとっても違う方向から考えることができる。「そうか、捕手はこういう考え方をしているのか」と、私にとって目からウロコが落ちるような、興味深い話だった。

これは、自分の野球観にとってもかなりのプラスになった。野球というものを多面的に見ることができるようになったのだ。

この本でも私が何度も書いてきたように、「盗塁はまさに頭で走るもの」である。スタートダッシュを何回練習で繰り返しても、盗塁はうまくならない。投手のクセ、捕手のクセ、イニング、打者のカウント、グラウンド状況など、あらゆる情報を準備し、頭に入れて走らなければ、盗塁は成功しない。

バッティングだって同じだ。

どれだけ素振りをしても、それだけではヒットは打てない。

もし、1000回の素振りをしろと言われても、私だったらしない。そんなムダな体力は使わない。

その代わり私は、100回の素振りで1000回振ったのと同じだけ効果を上げる練習をする。回数ではないと私は思っている。

ところがいまだにプロ野球でも、回数のノルマだけをきっちりと守ればいいと思っている選手がたくさんいる。数さえこなせば、練習ができたと思っているのだ。

練習というのは、どれだけのことが自分の身になったかという、内容の濃さがいちばん大事なのである。

例えば、そもそもなぜ素振りをするかと言えば、ボールを打つためである。それならば

野村克也監督に指導を受ける著者。技術だけでなく頭を使うことの重要性も叩《たた》き込まれた。

投手と対戦するイメージを持って、頭の中で状況やボールのコースをシミュレーションしながら振らなければ意味がない。回数が多いとか少ないとかではない。そのような頭を使った練習をしないと、ただ筋肉が強化されるだけで、頭のほうはまったく鍛えられない。

これからの野球選手は、ますます頭が必要になってくる。

各チームとも、毎年スカウトが有望な選手をさがして全国を旅している。彼らがスカウトの基準とするのは、球が速い、肩が強い、足が速い、ボールを遠くへ飛ばすという天賦《てんぷ》の才能についてだ。確かにこれらは、どれだけ練習をしても得ることができない、持って生まれたものだ。

しかし、本当にプロ入りしてから伸びるのは、頭を使った野球が実践できる選手になってくる。

もし私がスカウトなら、研究熱心かどうかという点を、選手を獲《と》るときの基準の1つとして考える。同等に優れた高校生がいるとして、そのどちらか一方を獲る場合に、将来性を考えるなら、絶対に頭を使っているほうを獲る。

技術はもちろん熱心に練習すれば伸びるが、頭のいい選手は先々でもっと伸びる。むしろ、実力が少し落ちても研究熱心な選手を獲るほうが良いと思う。

野球も、そして盗塁も、頭でするものだ。

走る喜びは勝つ喜び

私は入団1年目の01年に盗塁王となった。それ以来、05年まで5年連続でセ・リーグの盗塁王を獲ることができた。

プロ野球の世界に入るにあたって、足には自信があったものの、これほど順調にいくとは思っていなかった。盗塁だけでなく、バッティングにも懸命に取り組んだおかげで、毎年3割を打てるようになった。

しかし、盗塁にここまでこだわっていたのは、盗塁王を獲りたいがためではない。

1つには自分のセールスポイントが足だということもあるが、それ以上にチームの勝利に貢献しようとしていたからである。

バッティングももちろんレギュラーの座を取りたいがために頑張ったが、それもやはり勝ちたいからだ。

当時のタイガースとしては、1番の私が塁に出る。そして盗塁で二塁を陥《おとしい》れる。2番の関本選手が走者の私を三塁に進め、3番の金本知憲さんが私をホームに迎え入れるというのが、黄金パターンだった。

あとは追加点を待ち、最後はＪＦＫ（ジェフ・ウィリアムス、藤川球児、久保田智之《ともゆき》）の3投手で締めて勝つというのが最高の展開だ。

とにかく勝ちたかった。そして自分の足が、チームの勝利に貢献できることがなによりもうれしかった。

どの野球選手もそうだが、やはり究極の目標はチームの優勝ではないだろうか。

それとは別に、個人の目標として、3割を打つ、20勝をあげる、ホームラン30本打つなどがあり、その1つとして私の場合は盗塁王を獲るというのがあった。

盗塁王を目指しつつ走っていれば、点に結びつくことが多く、それが勝利につながっていったわけである。

もし私が、次打者の関本選手の迷惑を省《かえり》みず、自分のためにだけ走っていれば、もっと盗塁は増えていたと思う。

しかし、無理してまで盗塁数を増やすことはしなかった。

例えば、ノーアウトで私が一塁に出る。ベンチの指示はシーズンを通して「いつでも好きなときに走れ」なのだが、あえて走らない。

守備は、私の盗塁を警戒して、二塁手も遊撃手も二塁ベース寄りに守っているので、一、二塁間は大きく開いている。関本選手と示し合わせて、盗塁する気はないのだが、走るそぶりを見せるためにわざといつもより大きなリードをとり、スタートするふりをして少し動き出す。

そうすると、バッテリーは私が走ってくると思い込み、関本選手に対していちばん盗塁を殺しやすいアウトコースのストレートで攻めてくる。

しかし、ここまでは私と関本選手との想定どおりである。

そこで、関本選手は狙いどおりにアウトコースの球を、大きく開いた一、二塁間に転がし、私は一気に三塁まで進む。そして、ノーアウト一、三塁という絶好のチャンスで、打席には3番の金本さんを迎える。そして、金本さんの一打で私はホームにかえり、なおもチャンスが続く。

もし、先ほどの場面で盗塁をしていたらどうだろう。

ノーアウト二塁で、打席には関本選手が入る。このシチュエーションなら間違いなく、関本選手の役目は送りバントである。彼が無難に送りバントを成功させ、私は三塁に進んでいる。1アウト三塁で金本さんの出番だ。

1アウト三塁と、ノーアウト一、三塁ではチャンスの大きさが全然違う。私が二塁に盗塁したほうが、明らかにチャンスは小さくなっている。

自分の盗塁という個人プレーを選択することで、チームのチャンスは変わってしまうのだ。

もし、チームのことを考えずに、自分のためだけに走っていれば、1シーズンで最低でもあと20個ほどは盗塁が増えていたと思うが、そういった個人プレーには興味がなかった。05年に60個で盗塁王になったが、この年を振り返ってみても、走れたのに走らないときが多かった。

しかし、チームプレーに徹したおかげで、タイガースは岡田監督の指揮のもと優勝することができた。

私にとって、走る喜びは勝つ喜びだったのだ。

実は、優勝した05年に、盗塁王と同じぐらいうれしかった記録がある。それが、「119得点」という数字だ。

ご存じのように、「得点」はホームベースを踏むことによって記録される。ホームランバッターであれば自らの力で得点を稼げるが、私のようにホームランがほとんどない選手にとっては、仲間の力なくして、ホームを踏むことができないのだ。

プロ入りしてから、盗塁王とともに目標に掲《かか》げていたのが「100得点」だった。それを達成できたのはこの年だけだったので、振り返ってみてもかなりハードルの高い記録ではあった。それでも、足でバッテリーにプレッシャーをかけて、後続のバッターが打ちやすい状況を作ることが自分の仕事だと思っていたからこそ、クリアできた数字だったと思っている。

ちなみに、05年に「得点」部門のタイトルを獲ったのは、金本さんで120得点だった。打ったホームランは40本。自力で40得点を稼いだことになる。ホームランバッターの金本さんと得点数が1しか変わらなかったというのは、プロ10年間の中で誇れる記録の1つだと自負している。

今こそ真の機動力野球を

昔から、4番打者にホームランを量産する大砲のいないチームの監督さんはよく、「機動力を使ったチームにしていきたい」と言っていた。

そのときの機動力というのは、だいたい「足」のことであった。

私は真の機動力野球とは、攻撃の中心に「盗塁」を置いたものだと思っている。

ただし、なにがなんでも盗塁すればいいというものではない。

何度もお話ししてきているように、盗塁の中にいろいろなもののすべてが含まれている。

そして、そこには野球に関するすべてのヒントがある。

盗塁を増やすことによって、打者は打率を3割に乗せられるような配球の読みやバッティングができるようになる。また守備も、盗塁をしていればいろいろなことに頭が回るようになり、守備についたときのポジショニングやカバーリングのことをきちんとより広い視野で理解できるようになる。

打つこと、守ることに通ずるものが盗塁から得られる。

タイガースを例にとると、機動力野球の言葉にいちばん近づいたのは、03年の優勝のときだったかもしれない。

実はその年の優勝では、誰もそんなにズバ抜けた成績は残していない。

打率3割も2人で、私と首位打者を獲った今岡誠さんだけだった。ほかのタイトルは、私の盗塁王ぐらいだった。

攻撃陣の中では、金本さんも打率はそんなに良くなく、ホームランの数も少なかった。そんな中でもタイガースの成績は際立っていた。

4番打者も安定せず、日変わりのような状態。濱中治《はまなかおさむ》選手と桧山《ひやま》進次郎さんが4番を打ったりと、コロコロ変わっていた。

しかし、あのときはチームとしてはすごくまとまっていた。

18年の日本シリーズは福岡ソフトバンクが制し、2年連続9度目の日本一に輝いた。MVPには、カープの盗塁を6連続で刺した甲斐拓也捕手が選ばれた。彼の鉄砲肩を形容した「甲斐キャノン」は、プロ野球ファンだけでなく、野球に興味がない人にも知れ渡るぐらい有名な言葉になった。

私は、甲斐捕手に感謝をしている。なぜなら、甲斐キャノンの出現によって、「盗塁」が改めて脚光を浴びたからだ。キャッチャーに憧《あこが》れを持った子どもたちもきっといるだろうし、プロの現役選手であれば、「甲斐からどうやって盗塁を決めるか」を考えている人も少なくないはずだ。

真っ向から勝負をしても勝ち目はない。だからこそ、ピッチャーのクセを盗んだり、キャッチャーの配球の傾向を読んだりして、わずかな隙《すき》を突いていこうと研究を重ねる。いいキャッチャーの登場は、盗塁の技術向上につながっていくはずだ。

盗塁は頭を使う。頭で走る。

だからこそ、面白く、奥が深く、魅力あるものになるのだ。

おわりに

「はじめに」で書いたことを覚えておられるだろうか?

ページを読み進めてもらえれば、「盗塁は頭で走るもの」という言葉の意味がわかってもらえるはずだ――。このように、記した。

足の速さはもちろん必要である。でも、盗塁を決める要素はそれだけではないことをご理解いただけただろうか。周到な準備なくして、成功率を高めることはできない。本書では盗塁に焦点を当てたが、これはピッチングでもバッティングでも同じことが言えるだろう。プロの世界で長く活躍している選手は、準備に相当な時間をかけている。それは、ウォーミングアップという意味での体の準備もあれば、相手の特徴やクセを分析する頭の準備も含まれる。体と頭の準備が整ったとき、試合でベストパフォーマンスを発揮することができるのだ。

私にとっては、野球を考えるときに、盗塁がすべての基準になっていた。盗塁をすることができたから、いや、正確に書けば、盗塁ができるように研究を重ねたから、3割打者になれたし、守備でもゴールデングラブ賞を6度も受賞できたと思っている。

本文中にも述べたが、2018年のパ・リーグを制した埼玉西武ライオンズ、セ・リーグを3連覇した広島東洋カープの戦いぶりを見て、「足」の重要性を再認識した。足でバッテリーを揺さぶるからこそ、打者は配球を読むことの精度を高められる。一方で、バッテリーが打線を抑えることに集中するからこそ、走者に対する警戒が薄くなり、盗塁のチャンスが生まれてくる。これが、長距離砲だけ、あるいは走れる選手だけを揃《そろ》えても、その脅威《きょうい》は半減してしまう。「打」と「走」のバランスに注目しながら試合を見てみると、今までにない野球の楽しさに気づけるはずだ。

また、現役プレーヤーであれば、これまで紹介してきた思考をヒントにして、相手をとことん観察してほしいと思う。セットポジションでのグラブの位置で牽制《けんせい》の有無がわかったり、捕手の構え方によって球種が判別できたりすると、盗塁成功率が格段に上がるのは間違いない。頭をフル回転させて、勇気と根拠を持って、スタートを切ってほしい。本書が、盗塁を決める手助けとなってくれたら、最高にうれしく思う。

最後になるが、本書の制作にあたり、多くの方々にご協力をいただいた。忙しい中、対談に協力してくれた西川遥輝選手、私の考えを引き出してくれた廣済堂出版と関係スタッフの方々、そしていつもそばで支えてくれている私の事務所スタッフに感謝申し上げたい。

2019年3月吉日

赤星憲広

巻末付録 日本プロ野球 盗塁部門 歴代記録・通算ランキング

歴代最多盗塁(盗塁王)

※2リーグ制以降

年度	セ・リーグ	盗塁数	パ・リーグ	盗塁数
2001	赤星憲広(阪　神)	39	井口資仁(ダイエー)	44
2002	赤星憲広(阪　神)	26	谷　佳知(オリックス)	41
2003	赤星憲広(阪　神)	61	井口資仁(ダイエー)	42
2004	赤星憲広(阪　神)	64	川﨑宗則(ダイエー)	42
2005	赤星憲広(阪　神)	60	西岡　剛(ロッテ)	41
2006	青木宣親(ヤクルト)	41	西岡　剛(ロッテ)	33
2007	荒木雅博(中　日)	31	片岡易之(西　武)	38
2008	福地寿樹(ヤクルト)	42	片岡易之(西　武)	50
2009	福地寿樹(ヤクルト)	42	片岡易之(西　武)	51
2010	梵　英心(広　島)	43	本多雄一(ソフトバンク) 片岡易之(西　武)	59
2011	藤村大介(巨　人)	28	本多雄一(ソフトバンク)	60
2012	大島洋平(中　日)	32	聖澤　諒(楽　天)	54
2013	丸　佳浩(広　島)	29	陽　岱鋼(日本ハム)	47
2014	梶谷隆幸(DeNA)	39	西川遥輝(日本ハム)	43
2015	山田哲人(ヤクルト)	34	中島卓也(日本ハム)	34
2016	山田哲人(ヤクルト)	30	金子侑司(西　武) 糸井嘉男(オリックス)	53
2017	田中広輔(広　島)	35	西川遥輝(日本ハム)	39
2018	山田哲人(ヤクルト)	33	西川遥輝(日本ハム)	44

年度	セ・リーグ	盗塁数	パ・リーグ	盗塁数
1950	金山次郎(松　竹)	74	木塚忠助(南　海)	78
1951	土屋五郎(国　鉄)	52	木塚忠助(南　海)	55
1952	金山次郎(松　竹)	63	木塚忠助(南　海)	55
1953	金山次郎(広　島)	58	レインズ(阪　急)	61
1954	吉田義男(大　阪)	51	鈴木　武(近　鉄)	71
1955	本多逸郎(中　日)	42	森下正夫(南　海)	59
1956	吉田義男(大　阪)	50	河野旭輝(阪　急)	85
1957	飯田徳治(国　鉄)	40	河野旭輝(阪　急)	56
1958	岡嶋博治(中　日)	47	バルボン(阪　急)	38
1959	岡嶋博治(中　日)	41	バルボン(阪　急)	38
1960	中　利夫(中　日)	50	バルボン(阪　急)	32
1961	近藤和彦(大　洋)	35	広瀬叔功(南　海)	42
1962	河野旭輝(中　日)	26	広瀬叔功(南　海)	50
1963	髙木守道(中　日)	50	広瀬叔功(南　海)	45
1964	古葉竹識(広　島)	57	広瀬叔功(南　海)	72
1965	髙木守道(中　日)	44	広瀬叔功(南　海)	39
1966	柴田　勲(巨　人)	46	山本公士(阪　急)	32
1967	柴田　勲(巨　人)	70	西田孝之(東　京)	32
1968	古葉竹識(広　島)	39	安井智規(近　鉄)	54
1969	柴田　勲(巨　人)	35	阪本敏三(阪　急)	47
1970	東条文博(ヤクルト)	28	福本　豊(阪　急)	75
1971	高田　繁(巨　人)	38	福本　豊(阪　急)	67
1972	柴田　勲(巨　人)	45	福本　豊(阪　急)	106
1973	髙木守道(中　日)	28	福本　豊(阪　急)	95
1974	中塚政幸(大　洋)	28	福本　豊(阪　急)	94
1975	大下剛史(広　島)	44	福本　豊(阪　急)	63
1976	衣笠祥雄(広　島)	31	福本　豊(阪　急)	62
1977	柴田　勲(巨　人)	34	福本　豊(阪　急)	61
1978	柴田　勲(巨　人)	34	福本　豊(阪　急)	70
1979	髙橋慶彦(広　島)	55	福本　豊(阪　急)	60
1980	髙橋慶彦(広　島)	38	福本　豊(阪　急)	54
1981	青木　実(ヤクルト)	34	福本　豊(阪　急)	54
1982	松本匡史(巨　人)	61	福本　豊(阪　急)	54
1983	松本匡史(巨　人)	76	大石大二郎(近　鉄)	60
1984	高木　豊(大　洋)	56	大石大二郎(近　鉄)	46
1985	髙橋慶彦(広　島)	73	松永浩美(阪　急)	38
1986	平野　謙(中　日) 屋鋪　要(大　洋)	48	西村徳文(ロッテ)	36
1987	屋鋪　要(大　洋)	48	西村徳文(ロッテ) ※大石第二朗(近　鉄)	41
1988	屋鋪　要(大　洋)	33	西村徳文(ロッテ)	55
1989	正田耕三(広　島)	34	西村徳文(ロッテ)	42
1990	緒方耕一(巨　人) 野村謙二郎(広　島)	33	秋山幸二(西　武)	51
1991	野村謙二郎(広　島)	31	大野　久(ダイエー)	42
1992	飯田哲也(ヤクルト)	33	佐々木誠(ダイエー)	40
1993	緒方耕一(巨　人) 石井琢朗(横　浜)	24	大石大二郎(近　鉄)	31
1994	野村謙二郎(広　島)	37	佐々木誠(西　武)	37
1995	緒方孝市(広　島)	47	イチロー(オリックス)	49
1996	緒方孝市(広　島)	50	村松有人(ダイエー)	58
1997	緒方孝市(広　島)	49	松井稼頭央(西　武)	62
1998	石井琢朗(横　浜)	39	松井稼頭央(西　武) 小坂　誠(ロッテ)	43
1999	石井琢朗(横　浜)	39	松井稼頭央(西　武)	32
2000	石井琢朗(横　浜)	35	小坂　誠(ロッテ)	33

シーズン盗塁

順位	シーズン盗塁	盗塁数	年度
1	福本　豊(阪　急)	106	1972
2	福本　豊(阪　急)	95	1973
3	福本　豊(阪　急)	94	1974
4	河野旭輝(阪　急)	85	1956
5	木塚忠助(南　海)	78	1950
6	松本匡史(巨　人)	76	1983
7	福本　豊(阪　急)	75	1970
8	金山次郎(松　竹)	74	1950
9	髙橋慶彦(広　島)	73	1985
10	広瀬叔功(南　海)	72	1964
11	鈴木　武(近　鉄)	71	1954
12	柴田　勲(巨　人)	70	1967
12	福本　豊(阪　急)	70	1978
12	髙橋慶彦(広　島)	70	1983
15	福本　豊(阪　急)	67	1971
16	河西俊雄(南　海)	66	1948
17	赤星憲広(阪　神)	64	2004
18	金山次郎(松　竹)	63	1952
18	福本　豊(阪　急)	63	1975
20	福本　豊(阪　急)	62	1976
20	松井稼頭央(西　武)	62	1997
22	宮崎　剛(大　洋)	61	1950
22	レインズ(阪　急)	61	1953
22	島野育夫(南　海)	61	1973
22	福本　豊(阪　急)	61	1977
22	簑田浩二(阪　急)	61	1978
22	松本匡史(巨　人)	61	1982
22	赤星憲広(阪　神)	61	2003
29	福本　豊(阪　急)	60	1979
29	大石大二郎(近　鉄)	60	1983
29	赤星憲広(阪　神)	60	2005
29	本多雄一(ソフトバンク)	60	2011

※大石第二朗＝大石大二郎、片岡治大＝片岡易之

記録はいずれも2018年シーズン終了現在

順位	通算盗塁失敗	失敗数
1	福本　豊(阪急)	299
2	髙橋慶彦(広島→ロッテ→阪神)	206
3	柴田　勲(巨人)	193
4	高木　豊(大洋・横浜→日本ハム)	178
5	石井琢朗(大洋・横浜→広島)	169
6	中　暁生(中日)	167
7	飯田徳治(グレートリング・南海→国鉄)	161
8	吉田義男(大阪・阪神)	159
9	古川清蔵(名古屋→阪急)	155
10	金山次郎(名古屋→急映→大映→松竹→広島)	151
11	岡嶋博治(中日→阪急→国鉄・サンケイ→東映)	140
12	髙木守道(中日)	139
13	島田　誠(日本ハム→ダイエー)	135
14	大石大二郎(近鉄)	131
15	衣笠祥雄(広島)	130
16	バルボン(阪急→近鉄)	126
16	村松有人(ダイエー→オリックス→ソフトバンク)	126
18	広瀬叔功(南海)	123
19	玉造陽二(西鉄)	122
20	豊田泰光(西鉄→国鉄・サンケイ)	121
21	山本浩二(広島)	119
22	古葉竹識(広島→南海)	118
22	張本　勲(東映・日拓・日本ハム→巨人→ロッテ)	118
24	秋山幸二(西武→ダイエー)	116
25	森下整鎮(南海)	115
26	木塚忠助(南海→近鉄)	114
26	荒木雅博(中日)	114
28	河野旭輝(阪急→中日→阪急→西鉄)	113
29	弘田澄男(ロッテ→阪神)	110
30	堀井数男(南海・グレートリング)	109
30	大下剛史(東映・日拓・日本ハム→広島)	109
32	坪内道典(大東京→金星→中日)	108
32	基　満男(西鉄・太平洋・クラウン→大洋)	108
32	川﨑宗則(ダイエー・ソフトバンク→米国→ソフトバンク)	108
35	西村徳文(ロッテ)	107
35	大村直之(近鉄→ソフトバンク→オリックス)	107
35	本多雄一(ソフトバンク)	107
38	屋鋪　要(大洋・横浜→巨人)	106
39	小玉明利(近鉄→阪神)	105
39	山崎裕之(東京・ロッテ→西武)	105

順位	通算盗塁	盗塁数
1	福本　豊(阪急)	1065
2	広瀬叔功(南海)	596
3	柴田　勲(巨人)	579
4	木塚忠助(南海→近鉄)	479
5	髙橋慶彦(広島→ロッテ→阪神)	477
6	金山次郎(名古屋→急映→大映→松竹→広島)	456
7	大石大二郎(近鉄)	415
8	飯田徳治(グレートリング・南海→国鉄)	390
9	呉　昌征(巨人→阪神・大阪→毎日)	381
9	赤星憲広(阪神)	381
11	荒木雅博(中日)	378
12	古川清蔵(名古屋→阪急)	370
13	髙木守道(中日)	369
14	西村徳文(ロッテ)	363
14	松井稼頭央(西武→米国→楽天→西武)	363
16	石井琢朗(大洋・横浜→広島)	358
17	島田　誠(日本ハム→ダイエー)	352
18	吉田義男(大阪・阪神)	350
19	中　暁生(中日)	347
20	坪内道典(大東京→金星→中日)	344
21	松本匡史(巨人)	342
21	本多雄一(ソフトバンク)	342
23	屋鋪　要(大洋・横浜→巨人)	327
24	高木　豊(大洋・横浜→日本ハム)	321
25	*片岡治大(西武→巨人)	320
26	張本　勲(東映・日拓・日本ハム→巨人→ロッテ)	319
27	森下整鎮(南海)	315
28	バルボン(阪急→近鉄)	308
29	秋山幸二(西武→ダイエー)	303
30	大下剛史(東映・日拓・日本ハム→広島)	295
31	弘田澄男(ロッテ→阪神)	294
32	河野旭輝(阪急→中日→阪急→西鉄)	293
33	*糸井嘉男(日本ハム→オリックス→阪神)	288
34	川合幸三(阪急)	284
35	有藤道世(ロッテ)	282
36	小坂　誠(ロッテ→巨人→楽天)	279
37	村松有人(ダイエー→オリックス→ソフトバンク)	270
38	緒方孝市(広島)	268
39	川﨑宗則(ダイエー・ソフトバンク→米国→ソフトバンク)	267
40	衣笠祥雄(広島)	266

*＝2019年シーズンNPB(日本野球機構)現役選手

順位	シーズン盗塁失敗	失敗数	年度
1	河野旭輝(阪　急)	29	1956
2	髙橋慶彦(広　島)	28	1983
2	高木　豊(大　洋)	28	1984
4	村松有人(ダイエー)	26	1996
5	岡嶋博治(中　日)	25	1959
5	福本　豊(阪　急)	25	1972
7	小玉明利(近　鉄)	24	1956
7	福本　豊(阪　急)	24	1979
7	髙橋慶彦(広　島)	24	1982
10	バルボン(阪　急)	23	1956
10	岡嶋博治(中　日)	23	1958
10	福本　豊(阪　急)	23	1974
10	野村謙二郎(広　島)	23	1990
10	村松有人(ダイエー)	23	1997

順位	通算盗塁成功率(200盗塁以上)	成功率	盗塁数	失敗数
1	西川遥輝(日本ハム)	.873	226	33
2	鈴木尚広(巨人)	.8290	228	47
3	広瀬叔功(南海)	.8289	596	123
4	松井稼頭央(西武→米国→楽天→西武)	.819	363	80
5	赤星憲広(阪神)	.812	381	88
6	木塚忠助(南海→近鉄)	.808	479	114
7	呉　昌征(巨人→阪神・大阪→毎日)	.799	☆321	81
8	河西俊雄(グレートリング・南海→大阪)	.793	233	61
9	福地寿樹(広島→西武→ヤクルト)	.782	251	70
10	福本　豊(阪急)	.781	1065	299

通算盗塁失敗、シーズン盗塁失敗、通算盗塁成功率のランキング表は、盗塁失敗の記録が公式に発表されるようになった1942年以降が対象

☆呉昌征は1937〜41年に60盗塁を記録したため、通算では381盗塁

巻末付録 赤星憲広 年度別成績&主要記録

年度別打撃成績(一軍)

※太字はリーグ最高、カッコ内は故意四球(敬遠)

年度	チーム	試合	打席	打数	得点	安打	二塁打	三塁打	本塁打	塁打	打点	盗塁	盗塁刺	犠打	犠飛	四球	死球	三振	併殺打	打率	出塁率	長打率
2001	阪神	128	524	438	70	128	9	4	1	148	23	**39**	**12**	24	4	50(1)	8	64	1	.292	.372	.338
2002	阪神	78	343	310	36	78	7	4	0	93	12	**26**	7	5	1	15	12	56	5	.252	.311	.300
2003	阪神	**140**	635	551	90	172	17	7	1	206	35	**61**	10	24	1	45	14	76	15	.312	.378	.374
2004	阪神	**138**	633	570	96	171	20	6	0	203	30	**64**	**12**	11	1	49	1	85	3	.300	.356	.356
2005	阪神	145	**689**	601	119	190	15	**9**	1	226	38	**60**	**12**	8	3	69(1)	8	90	3	.316	.392	.376
2006	阪神	142	642	566	84	152	13	3	0	171	20	35	13	9	1	60	6	94	2	.269	.344	.302
2007	阪神	121	475	400	61	120	12	1	0	134	19	24	**8**	29	2	39	5	58	3	.300	.368	.335
2008	阪神	**144**	**646**	556	**94**	176	15	1	0	193	30	41	9	9	3	73(1)	4	87	3	.317	.398	.347
2009	阪神	91	377	338	48	89	9	1	0	100	8	31	5	7	2	26(1)	4	54	3	.263	.322	.296
通算		1127	4964	4330	698	1276	117	36	3	1474	215	381	88	126	18	426(4)	62	664	38	.295	.365	.340

年度別守備成績(一軍)/外野

※太字はリーグ最高

年度	チーム	試合	刺殺	補殺	失策	併殺	守備率
2001	阪神	125	243	9	2	1	.992
2002	阪神	78	156	4	2	0	.988
2003	阪神	**140**	233	10	0	2	**1.000**
2004	阪神	**138**	254	5	2	3	.992
2005	阪神	145	264	**12**	**5**	1	.982
2006	阪神	141	277	**12**	2	**4**	.993
2007	阪神	112	209	3	3	1	.986
2008	阪神	**144**	**251**	4	2	1	.992
2009	阪神	89	143	1	0	0	1.000
通算		1112	2030	60	18	13	.991

タイトル

・盗塁王:5回(2001～05年/セ・リーグ記録)

表　彰

・新人王(01年)
・ベストナイン:2回(03、05年)
・ゴールデングラブ賞:6回(01、03～06、08年)
・月間MVP:1回(05年4月)

主な個人記録(歴代順位は、2018年シーズン終了現在)

・シーズン最多打席:689(05年/歴代2位)
・通算盗塁:381個(歴代9位タイ)
・通算盗塁成功率:.812
(歴代5位/200盗塁以上)

#53

NORIHIRO AKAHOSHI

[著者プロフィール]

赤星憲広　Norihiro Akahoshi

1976年4月10日生まれ、愛知県刈谷《かりや》市出身。大府《おおぶ》高校－亜細亜《あじあ》大学－JR東日本－阪神タイガース(2001～09年)。大府高校時代に、2年春、3年春と、2度甲子園に出場。亜細亜大4年秋には、明治神宮野球大会で優勝を果たす。JR東日本所属時の00年にシドニーオリンピック日本代表に選出され、同年のドラフトで阪神から4位指名を受け、入団。ルーキーの01年、当時の野村克也監督発案による俊足選手7人の通称「F1セブン」に名をつらね、新人歴代4位の39盗塁で史上初の盗塁王と新人王、さらにゴールデングラブ賞も獲得という華々しいデビューを飾る。以降、05年まで5年連続盗塁王(セ・リーグ記録)、03～05年には3年連続60個以上の盗塁を記録する。名前にちなんだ「レッドスター」「赤い彗星《すいせい》」の愛称で野球ファンに広く親しまれるが、度重なるケガの影響で、09年に引退を余儀なくされる。通算成績は、1127試合出場、打率.295、盗塁381(歴代9位タイ／球団記録)、ベストナイン2回(03、05年)、ゴールデングラブ賞6回(01、03～06、08年)。現在は野球解説者や情報番組のコメンテーターとして活躍する一方で、盗塁と同数の車椅子《くるまいす》を寄贈するなど、現役時代から熱心だったチャリティ活動も、「Ring of Red～赤星憲広の輪を広げる基金～」の名で継続している。オフィシャルサイト http://www.redstar53.com

[対談パートナー プロフィール]

西川遥輝　Haruki Nishikawa

1992年4月16日生まれ、和歌山県紀《き》の川《かわ》市出身。智辯《ちべん》学園和歌山高校－北海道日本ハムファイターズ(2011年～)。智辯和歌山で4度甲子園に出場し、10年オフのドラフトで北海道日本ハムから2位指名を受け、入団。12年にプロ初安打や初本塁打を記録し、頭角を現す。14年、43盗塁で初の盗塁王を獲得。リーグ1位の13三塁打(歴代6位タイ)でも俊足が裏づけられる。16年には史上2人目の日本シリーズサヨナラ満塁本塁打を放ち、優秀選手に選出。17年、18年にも連続して盗塁王に輝く。ベストナイン2回(16、17年)、ゴールデングラブ賞2回(17、18年)。18年6月には史上75人目の200盗塁を記録するが、その間の盗塁成功率.866(盗塁失敗31)は歴代1位。シーズン終了時には、226盗塁、成功率.873(失敗33)。球界を代表する「スピード・スター」として、チームを牽引《けんいん》している。

MASTERS METHOD

頭脳の盗塁術
走りのプロの技術・戦略&バッテリーとの心理戦対策

2019年4月15日　第1版第1刷

著者	赤星憲広
協力	株式会社 オフィスS.I.C
対談協力	西川遥輝　株式会社 北海道日本ハムファイターズ
企画・プロデュース	寺崎江月(株式会社 no.1)
構成協力	大利実
撮影	石川耕三(私服・対談写真)
写真協力	Shutterstock(カバー写真)　産経新聞社(本文ユニフォーム写真など) photoAC(本文二塁ベース写真)
装丁・本文デザイン	有限会社 デザインコンプレックス
デザイン協力	木村ミユキ　南千賀
DTP	株式会社 三協美術
制作協力	株式会社 朝日新聞出版
編集協力	長岡伸治(株式会社 プリンシパル)　浅野博久(株式会社 ギグ) 根本明　松本恵
編集	岩崎隆宏(廣済堂出版)
発行者	後藤高志
発行所	株式会社 廣済堂出版 〒101-0052 東京都千代田区神田小川町2-3-13 M&Cビル7F 電 話　編集 03-6703-0964／販売 03-6703-0962 FAX　販売 03-6703-0963 振 替　00180-0-164137 URL　http://www.kosaido-pub.co.jp
印刷所・製本所	株式会社 廣済堂

*本書は、2013年1月に刊行された『頭で走る盗塁論 駆け引きという名の心理戦』(朝日新聞出版)をもとに、大幅に加筆・修正・データ更新し、新たな写真・図版等も追加。特別対談も本書用に新規で実施して収録し、全体を再構成したものです。

ISBN978-4-331-52221-9　C0075

廣済堂出版の野球関連書籍　好評既刊

メッセージBOOK シリーズ

野村祐輔 メッセージBOOK

—未来を描く—

野村祐輔 著

「なりたい自分」を
イメージして実現する。

菊池涼介 丸佳浩 メッセージBOOK

—キクマル魂《だましい》—

菊池涼介 丸佳浩 著

2人のコンビプレー&
情熱の力は無限大!

コンビスペシャル

プロフェッショナルバイブル シリーズ

異次元へ

型破りの守備・攻撃&
メンタル追求バイブル

菊池涼介 著

規格外プレーの技術解説に、
チーム論&メンタル術!

コントロールする力

心と技の精度
アップバイブル

杉内俊哉 著

精神力とスキルを
高める新思考法。

矢野謙次 メッセージBOOK

—自分を超える—

矢野謙次 著

「正しい努力」をすれば、
へたでも進化できる!

山口鉄也 メッセージBOOK

—鋼《はがね》の心—

山口鉄也 著

鉄から鋼《はがね》へ、
成長の裏側。

長野久義 メッセージBOOK

—信じる力—

長野久義 著

思いを貫く
野球人生の哲学。

大瀬良大地 メッセージBOOK

—大地を拓《ひら》く—

大瀬良大地 著

たとえ困難な道でも、
自らの可能性を開拓!

小川泰弘 メッセージBOOK

—ライアン流—

小川泰弘 著

学んだフォーム&
独自のスタイル。

西川遥輝 メッセージBOOK

—ONE OF A KIND—
唯一無二の存在

西川遥輝 著

誰とも似ていない
「自分」を目指して。

中島卓也 メッセージBOOK

—思いは届く—

中島卓也 著

頑張れば人は見ていて
チャンスが広がる!

陽岱鋼 メッセージBOOK

—陽思考—

陽岱鋼 著

「陽流プラス思考」の
すべてを公開。

伊藤光 メッセージBOOK

—クールに熱く—

伊藤光 著

冷静な頭脳で、
勝負に燃える!

森福允彦 メッセージBOOK

—気持ちで勝つ!—

森福允彦 著

ピンチに打ち勝つ
強さの秘密。

松田宣浩 メッセージBOOK

—マッチアップ—

松田宣浩 著

理想・苦難と向き合い、
マッチアップした軌跡。

平田良介 メッセージBOOK

—自然体主義—

平田良介 著

「自分らしさ」が
「勝負強さ」を生む。